CB133538

Esta colecção visa essencialmente
o estudo da evolução do homem
sob os aspectos mais genericamente antropológicos
– isto é, a visão do homem como um ser
que se destacou do conjunto da natureza,
que soube modelar-se a si próprio,
que foi capaz de criar técnicas e artes,
sociedades e culturas.

A ANTROPOLOGIA

Título original:
L'Anthropologie

Tradução de Sérgio Coelho

Capa: FBA

Depósito Legal nº 269298/07

Paginação, impressão e acabamento:
PENTAEDRO
para
EDIÇÕES 70, LDA.

ISBN 1.ª edição: 972-44-1-1218-0
Novembro de 2005

ISBN 2.ª edição: 978-972-44-1502-4
Novembro de 2020

EDIÇÕES 70, Lda.
LEAP CENTER - Espaço Amoreiras
Rua D. João V, n.º 24, 1.03 - 1250-091 Lisboa / Portugal
Telefs.: 213190240 – Fax: 213190249
e-mail: geral@edicoes70.pt

www.edicoes70.pt

A ANTROPOLOGIA

MARC AUGÉ, JEAN-PAUL COLLEYN

70

I

Introdução

A antropologia refere-se ao estudo do homem em geral. Divide-se em antropologia física – o estudo do homem em termos biológicos – e em antropologia social e cultural. É sobre esta última, que aborda a forma como as línguas, as organizações económicas, sociais, políticas e religiosas se desenvolvem no decorrer dos tempos, que aqui nos debruçamos. Face à impossibilidade de abraçar tão amplo domínio, tomámos a opção de defender uma determinada concepção, simultaneamente clássica e moderna, da antropologia. Clássica, porque as teorias do passado – e os erros que elas comportam – nos ensinaram algumas coisas; moderna, porque a disciplina procura as suas próprias explicações sem se limitar a acolher as apresentadas por uma autoridade tradicional.

Gostaríamos de contribuir para demonstrar que o conjunto dos métodos, das observações e das análises da antropologia pode contribuir para a explicação de um mundo contemporâneo que assiste à proliferação de diferenças e à abolição de barreiras. O contributo da antropologia assenta sobretudo num método privilegiado: a investigação de longa duração e no terreno, a observação participante, a comunicação directa com os agentes sociais, que possuem a sua própria interpretação do mundo. Para além disso, beneficia também de uma fecunda base epistemológica, adquirida ao longo de toda a sua história, que é também a dos seus conceitos e hipóteses teóricas. O estudo desta história, com as suas extensões para as nossas preocupações contemporâneas, resulta essencial, porque todas as ciências humanas têm por base pressupostos antropológicos, quase sempre implícitos, que apenas um trabalho de análise pode actualizar.

Nesta obra – que se pretende prática –, tentamos fornecer ao leitor ferramentas que o possam ajudar a compreender a diversidade do mundo actual. Se o objectivo parece simples, não é por isso que o caminho para o atingir deixa de estar pejado de obstáculos: grande aumento de publicações, dificuldades de vocabulário, hermetismo de algumas obras especializadas. O especialista presta pouca atenção às questões do 'grande público', de tal modo que, numa obra de divulgação, torna-se difícil 'traduzir' os trabalhos eruditos resistindo à tentação de os fazer artificialmente corresponder às expectativas de leitores profanos. Com justiça, diga-se que os antropólogos consideraram dever desenvolver um vocabulário especializado, mas acerca de numerosas definições não conseguiram chegar a um verdadeiro consenso. O leitor não avisado, na ânsia de assimilar conhecimento, poderá confrontar-se com alguma confusão, mas esta incoerência aparente explica-se pela natureza da reflexão conceptual. As grandes teorias portadoras de verdades definitivas não passavam de utopias. Hoje, podemos dizer que a metáfora da chave que abre todas as portas foi substituída pela da caixa de ferramentas em que cada investigador utiliza cada instrumento a seu modo e o personaliza, de modo a progredir por aproximações graduais. Com efeito, um trabalho de investigação específica obriga, quase sempre, à reconstrução dos conceitos adoptados, de modo a fazê-los corresponder com as especificidades dos factos observados. A este constrangimento acrescentam-se outros factores, que tornam a iniciação à antropologia difícil: para além do número de publicações ter aumentado exponencialmente durante as últimas décadas, é também necessário ter em conta as investigações das outras disciplinas, na medida em que, em si mesma, a antropologia representa um verdadeiro ponto de encontro interdisciplinar. A maioria dos termos utilizados pelos antropólogos são também utilizados por todos os outros cientistas sociais. Nunca são 'puramente conceptuais' ou 'puramente técnicos', possuindo frequentemente uma conotação ideológica. Aliás, refira-se que o jornalismo recorre abundantemente a uma espécie de antropologia parodiante, utilizando sem rigor noções exóticas para designar um estatuto ou uma atitude na nossa própria sociedade; a título de exemplo, refiram-se expressões como o 'Xeque do Colégio de França', a 'casta dos enarcas', o 'Grande Manitu' da televisão pública, etc. Enfim, numa altura em que se assiste à multiplicação de especializações, as fronteiras externas da antropologia confundem-se, designadamente com as da sociologia. A antropologia é levada a recorrer aos métodos quantitativos da sociologia e o sociólogo recorre frequentemente aos métodos qualitativos tão caros aos seus colegas antropólogos. Tanto um como o outro dedicam-se à tentativa de compreender as concepções do mundo social partilhadas pelos autores que nele participam. A sociologia conheceu uma renovação graças a estudos localizados prosseguidos recorrendo aos métodos qualitativos da etnografia. Alguns sociólogos estão muito próximos da antropologia; alguns antropólogos mudam de região, preterindo a África ou a Amazónia pela Europa. É através do sentido que atribuem aos objectos, às situações, aos símbolos que os rodeiam, que os actores fabricam o seu mundo social. Outro ponto de convergência: o facto social não é tido como um objecto estável – tal como acreditavam os primeiros etnógrafos, presos à identificação das tradições –, antes como um conjunto de processos que, sob a acção humana, não cessam de se desenvolver.

Por entre uma imensidão de livros e de artigos, afigura-se delicado distinguir entre o que é necessário saber daquilo que poderá ser considerado acessório. E caberá ao público julgar? Mas qual público? O do meio universitário? O 'grande' público? Sem dúvida, é necessário prestar a devida atenção aos textos mais frequentemente citados, mas os textos ignorados, que passam desapercebidos ou que são esquecidos, não é por isso que se tornam insignificantes. A própria posteridade é uma professora enganadora, na medida em que, na literatura especializada, se descobrem continuamente trabalhos a que os critérios de apreciação da sua época não permitiram conferir o seu justo valor.

A arte de redigir uma obra enciclopédica em miniatura, se nos é permitido recorrer a tal paradoxo, é uma questão de equilíbrio e de escala. Se nos mantivermos no plano das generalidades, perderemos a especificidade, que constitui a riqueza da abordagem antropológica; se nos debruçarmos minuciosamente sobre uma situação específica, o exemplo ensombrará o todo. Uma obra mais sintéctica deve abordar aquilo que, na nossa opinião, integra o saber dos especialistas, expor as suas principais divergências e, simultaneamente, tentar eliminar os falsos problemas. A própria palavra 'saber' poderia constituir-se como o objecto de um debate. O filósofo Gaston Bachelard alertava contra a forma clássica de divulgação, que corre sempre o risco de se limitar a transmitir resultados tidos como adquiridos e valores consagrados. Para nós, o objectivo é menos o de identificar um património comum ou o de elaborar um 'apanhado' sobre as culturas do mundo, mas mais o de propor algumas ferramentas intelectuais que permitam a sua compreensão. É-nos impossível abordar todo o universo antropológico, que abraça nada menos que toda a condição humana. Este pequeno livro não pretende ser nem um dicionário nem um *quem é quem*, porque, em tão pequeno número de páginas, mais não se faria do que destacar alguns nomes, ignorando todos os outros. Um esforço elementar de honestidade leva-nos então a transmitir as nossas preferências, mas sem deixarmos de ouvir outras vozes.

I

Compreender o Mundo Contemporâneo

I. A confusão de termos

Etnografia, etnologia, antropologia: a confusão de designações, tanto na literatura erudita como nas obras de divulgação, confunde bastante o leitor. Deste modo, ainda que sucintamente, tentemos ordenar as coisas. Inicialmente (finais do século XIX e inícios do século XX), a etnografia dedicava-se ao estudo dos usos e costumes dos povos ditos 'primitivos', e a etnologia debruçava-se sobre os conhecimentos enciclopédicos que daí se pudesse retirar. Em suma, a etnologia assumia-se como o ramo da sociologia dedicado ao estudo das sociedades 'primitivas'. Nessa época, por si só, a designação 'antropologia' aplicava-se ao estudo do homem nas suas dimensões somática e biológica. Ainda hoje, nos Estados Unidos, quando nos referimos a *anthropology*, somos frequentemente entendidos como estando a referir-nos ao estudo da evolução biológica dos seres humanos e à sua evolução cultural no decorrer da pré-história. São também muitos os departamentos de estudos que englobam no seu seio a antropologia física, a arqueologia e a antropologia cultural. Mas, desde finais do século XIX, a expressão *cultural anthropology* refere-se aos ensinamentos, provenientes de abordagem comparativa, que podemos retirar da etnografia e da etnologia, entendidas enquanto recolha e análise sistemática de dados. Por seu lado, os autores britânicos preferem a expressão 'antropologia social' à de 'antropologia cultural', na medida em que privilegiam o estudo dos factos sociais e das instituições.

Na década de 50 do século XX, Claude Lévi-Strauss introduziu em França o uso anglo-saxão do termo 'antropologia' (mas sem o adjectivo 'cultural'), entendida como disciplina dedicada ao estudo dos seres humanos em todas as suas dimensões. Tal como sucedia nos Estado Unidos, o termo destronava, sem contudo o esvaziar, o papel da 'etnologia'. Por um lado, o sucesso do estruturalismo e o seu impacto sobre as outras ciências humanas e, por outro, as ligações da antropologia com a filosofia e com a sociologia, fizeram com que, em França, quando se pronuncia hoje a palavra 'antropologia', nos sintamos na presença da disciplina que tem por objecto o estudo da diversidade contemporânea das culturas humanas. Esta acepção apresenta a vantagem de uma maior objectividade, afastando a ideia de um domínio fechado constituído pelas sociedades primitivas que, presas numa história estacionária, estão condenadas a reproduzir-se tal como são ou a morrer. Contudo, refira-se que o abandono de um ponto de vista etnocêntrico, que consistia na classificação das raças, das etnias e das sociedades segundo critérios que consagravam a supremacia da civilização ocidental, permitiu a reabilitação do termo 'etnologia'. A renúncia à cisão 'primitivista' serviu por vezes de justificação para que o termo 'etnologia' passasse a abranger o mundo dito 'moderno'; a etnologia era então concebida como um estudo teórico tendo por base a investigação em pequena escala, a presença prolongada no terreno por parte de um investigador, a observação participante e o diálogo com os informadores. É por esta razão que ouvimos por vezes falar de etnologia urbana, etnologia empresarial, etnologia do local e do quotidiano, etc.

Para concluir este fogo-cruzado de argumentações – acerca do qual nos limitámos a expor a complexidade –, tenhamos presente que, como ciência humana, a antropologia engloba a antropologia física e a antropologia social e cultural. Esta última, sinónima da etnologia, debruça-se sobre todos os grupos humanos, independentemente das suas características. Pode tomar por objecto o estudo de todos os fenómenos sociais que requeiram uma explicação através de factores culturais.

II. Os desafios da antropologia

Ao contrário da maior parte dos animais, o homem não se encontra confinado a um ambiente específico: o planeta inteiro oferece-se-lhe e é pela sua cultura que se adapta a diferentes meios. Não obstante as suas limitações e características biológicas, é capaz de assumir um vasto leque de comportamentos diferentes, na medida em que não se desenvolve apenas num ambiente natural, mas também, após um longo período de aprendizagem, num meio social e cultural específico. É uma banalidade dizer-se que o homem é um animal social, mas é necessário retirar daí as consequências metodológicas: a condição humana apenas pode ser concebida em termos de organização social. A antropologia provou a existência de uma íntima solidariedade entre o corpo individual e a relação social, a impossibilidade de pensar na doença e na morte em termos puramente individuais. Esta impossibilidade é também a de se conseguir pensar no homem enquanto entidade isolada; apenas é possível pensar no homem no plural. Qualquer pensamento do homem é social e, assim sendo, qualquer antropologia é também sociologia. A aprendizagem das rotinas, a aquisição de hábitos que se incorporam nos espíritos e nos corpos, dispensam os homens de terem constantemente de reflectir e tomar decisões. Muitos dos nossos comportamentos não são assumidos por representação consciente, obedecendo sobretudo a regras, a um modo conveniente de comportamento social. O sentido está implícito e não representado. Deste modo, estes automatismos libertam os seres humanos e permitem-lhe a inovação; contudo, no decorrer da história, esta pode tornar-se um fardo se eles se transformarem menos rapidamente do que aquilo que o contexto exige. A antropologia estuda as relações inter-subjectivas entre os nossos contemporâneos, sejam eles Nambiquara, Arapesh, seguidores de um culto brasileiro de candomblé, novos-ricos de Silicon Valley, cidadãos das novas cidades, dirigentes empresariais ou deputados europeus. Essas relações de alteridade e de identidade não são definitivas, estando antes em constante recomposição. A língua, o parentesco e as alianças matrimoniais, as hierarquias sociais e políticas, os mitos, os rituais, a representação do corpo, exprimem o trabalho incessante de qualquer sociedade em distinguir entre o que nela se insere e o que lhe é estranho. Como é que, num determinado local, a relação entre uns e outros é concebida por uns e por outros? Eis o verdadeiro objecto da antropologia, porque, na medida em que essa relação assume necessariamente um sentido, ela implica relações de força e uma simbologia. Independentemente das preferências teóricas dos investigadores, a especificidade da abordagem antropológica reside neste interesse central pelo estudo da relação com o outro, tendo em conta a forma com este último se insere no contexto social. A questão do sentido, ou seja, das formas através das quais os seres humanos que habitam um determinado lugar concordam em representá-lo e sobre ele agir, é o horizonte da pesquisa antropológica. Esta questão encontra-se também no coração do debate filosófico contemporâneo, que podemos exprimir como uma tensão entre particularismos e universalidade. Sem dúvida, talvez os antropólogos das primeiras gerações tenham cometido exageros acerca da coerência interna das culturas, que concebiam como mais homogéneas do que na realidade o eram; contudo, isso não impede que as configurações relativas a uma cultura ou sociedade particular não resultem de uma completa arbitrariedade. O antropólogo encontra nelas aspectos regulares e comparando-os com outros pode teorizar as suas diferentes elaborações de sentido. Por exemplo, junto dos Samo do Burkina Faso poderá encontrar uma nomenclatura das expressões designativas de parentesco já identificada nos índios Omaha da América do Norte, ou comparar no espaço e no tempo as diferentes formas de realeza que existiram.

Já muito se discutiu acerca da noção de alteridade, que, em virtude das origens 'exóticas' da disciplina, poderia parecer constituinte da abordagem antropológica, mas trata-se sobretudo de uma atitude mental do próprio investigador, que recorre ao espanto sistemático para interrogar os factos sociais. Este exercício é provavelmente mais fácil de praticar no 'estrangeiro', mas esse espanto sistemático influenciará mais as suas próprias impressões e as suas tentações interpretativas do que aquilo que o poderia fazer o efeito da estranheza produzido pelo comportamento dos outros. O investigador deve questionar incessantemente as suas próprias predefinições e colocar-se numa posição de aprendizagem. De qualquer modo, mesmo que esteja a dois passos de sua casa, ver-se-á forçado a isso sempre que se encontrar num ambiente pouco familiar. O etnógrafo deve então assumir duas posturas contraditórias: impedir-se de macular as suas observações com ideias preconcebidas tendo em conta a sua própria cultura, sem deixar nunca de manter um certo distanciamento, com o objectivo de comparar e relativizar as suas observações com outras relativas a outros contextos. A noção de alteridade não se situa no centro da pesquisa antropológica apenas pelo facto desta fazer da diversidade um objecto de estudo, mas sobretudo porque acaba por ser a ferramenta da antropologia. Um projecto de investigação implica forçosamente a criação de um distanciamento entre um observador e o seu objecto de estudo (as pessoas que 'estuda'). Terá de resistir a empolações exóticas que poderiam resultar de uma selecção dos factos mais estranhos, mas, inversamente, seria também absurdo defender a confusão entre o analista e o seu objecto de estudo. Actualmente, já não basta familiarizarmo-nos com aquilo que, à primeira vista, nos parece curioso, nem descobrir a estranheza escondida nos nossos hábitos mais enraizados, porque o planeta inteiro se vê actualmente atingido por uma crise de sentido, que se traduz num adormecimento da procura de identidade. Numa altura em que a informação se desloca a uma velocidade electrónica de uma ponta à outra do planeta, em que o próprio exotismo se transforma num produto de consumo (adquirindo assim uma importância política), cada indivíduo vê-se violentamente confrontado com a imagem do mundo. A concepção da pessoa humana e as relações entre o homem e o ambiente em que se insere não poderiam deixar de se alterar face a situações tão 'transtornantes' como a agricultura química, os antibióticos, os organismos (vegetais ou animais) geneticamente modificados, as terapias genéticas, as pesquisas em torno do ADN, a clonagem, os tratamentos hormonais, o transplante de órgãos e a reprodução assistida. Desde há muito tempo e um pouco por todo o mundo, os homens interessam-se pelas diferenças linguísticas, de usos, de costumes e de hábitos, mas, actualmente, a nível planetário, mostram-se mais conscientes das suas interdependências e, assim, das suas diferenças e da transformação do mundo. Produzem uma antropologia espontânea, que não tem por objectivo o conhecimento, mas sim a construção de uma identidade, que se traduz na expressão de uma estratégia política. Menos paradoxalmente do que poderia parecer, o processo de globalização desenrola-se a par do aumento de reivindicações políticas reclamadas por culturas ou por tradições étnicas. Indivíduos e instituições elaboram teorias sociais, integrando mais ou menos explicitamente o vocabulário e as ideias das ciências humanas e reconfigurando-as consoante as suas necessidades. Esta proliferação de discursos de identidade, que se revela por vezes híbrida e, em outras ocasiões, paródica, constitui um novo objecto de estudo para o antropólogo.

Bachelard avisava contra as categorias do senso comum. Nos nossos dias, estas são veiculadas, na maior parte das vezes de uma forma não crítica, pela imprensa, que adere livremente a qualquer nova linguagem política, artística, social e científica. Assim, após se ter previsto um desencantamento do mundo, fala-se agora de um *regresso da religião*; mas torna-se claro que os novos movimentos religiosos, como o fundamentalismo islâmico ou o evangelismo dos países da América Latina e de África, pouco têm a ver com a forma assumida pela religião até à década de 60. A expressão jornalística 'o mundo da moda, das finanças, do desporto, etc.', revela-se inexacta, mas corresponde a uma intuição correcta. É inexacta porque, precisamente, esses 'mundos' não o são: encontram-se em estreita relação mútua. Mas parte de uma intuição correcta, ao colocar os novos reflexos dos mundos 'construídos' no espelho de uma humanidade que, mais do que nunca, se representa a si mesma. Já nenhum nicho cultural o é verdadeiramente; todos os espaços envolvidos e simbolizados pelo homem são analisados com base num contexto irremediavelmente globalizado. Entre um quarto e um terço da população mundial assistiu pela televisão ao campeonato do mundo de futebol de 1998. O nível de vida de um camponês senufo(*) do Mali é determinado pela cotação do algodão na bolsa e no mercado internacional. Uma canção produzida na África do Sul pelo guitarrista zairense Mwenda Jean Bosco transforma-se num êxito a 3000 quilómetros de distância, na Serra Leoa. A vida dos alunos de Kingston, na Jamaica, depende das regras do Banco Mundial e do Fundo Monetário Internacional. Quase todos os povos da terra vêem as suas condições de vida determinadas por decisões tomadas longe do local em que se encontram. Sofrem uma dominação económica, política e cultural, exercida por poderes e forças exteriores. Sentem na prática as consequências de fenómenos demográficos, biomedicinais, ecológicos, económicos e políticos, que, apesar de lhes serem alheios, os aproximam de outros grupos vítimas dos mesmos constrangimentos. Quer sejam positivos (o turismo, a *world music*, movimentos culturais e artísticos) ou negativos (bairros de lata, campos de refugiados, bandos de delinquentes, imigração clandestina, droga, prostituição), os novos terrenos da antropologia são de natureza histórica e alteram-se a olhos vistos.

(*) Senufos: etnia presente em três países africanos, designadamente a Costa do Marfim, o Mali e o Burkina Faso. É precisamente a sua língua, o senufo, que lhes dá o nome. Actualmente, contam com cerca de 1,5 milhões de indivíduos *(N. do T.)*

III. O mundo contemporâneo

Aquilo que define a contemporaneidade é a vida na mesma época e a partilha de referências comuns. Durante muito tempo, os etnólogos acreditaram que, ao viajarem no espaço, estariam a viajar no tempo, porque pensavam encontrar em locais longínquos a imagem de sociedades primitivas. Tratava-se de um mito, mas a ideia de que determinada sociedade pudesse ter permanecido à margem da evolução geral do mundo nada tinha de inverosímil. O que hoje é uma novidade é que, independentemente do modo de vida dos homens que habitam o nosso planeta, existem referências partilhadas. Possuímos as nossas referências locais, compreensíveis no nosso meio restrito, mas participamos também numa cultura mundial, assente em outras referências. Para um antropólogo, a escolha do objecto de pesquisa e a metodologia adoptada implicam algum enraizamento num determinado ambiente (o terreno), mas, ao mesmo tempo, a pesquisa não se poderá limitar às relações interpessoais *in situ*. Com efeito, para além de um ponto de vista interno, estas encontram um segundo nível de explicação nas condicionantes externas: de ordem geográfica, demográfica, económica, histórica, política, institucional, etc. A descrição minuciosa dos comportamentos humanos no seu contexto histórico e cultural, por um lado, e a comparação com outras formas no tempo e no espaço, por outro, fundamentam a capacidade de análise específica da antropologia. Com efeito, em termos de objecto e de métodos, esta ultrapassa a sua própria definição, para desembocar num verdadeiro projecto intelectual. Pelo confronto de modelos, de normas, de esquemas culturais, de horizontes de pensamento, pela sua comparação e discussão, tenta-se abordar uma condição humana que se encontra em perpétua redefinição.

A antropologia dos mundos contemporâneos reconhece a pluralidade das culturas, mas também as suas referências comuns e as diferenças internas no seio de determinada cultura. A cultura, caso este conceito possua ainda algum valor operacional, já não é hoje concebida como um saber partilhado a 100%. Com efeito, no seio de uma mesma sociedade coexiste uma pluralidade de formas e a herança cultural dos seus membros varia consoante o estatuto social (a idade, o sexo, a educação, a riqueza, a profissão, as convicções políticas, a filiação religiosa, etc.). A noção de *aculturação*, tão popular no seio da antropologia de grande público, que designa o conjunto de fenómenos resultantes do embate entre duas culturas diferentes, revela-se enganadora, na medida em que pressupõe a existência à partida de dois conjuntos puros e homogéneos. Esta *hibridez*, que hoje em dia já não está na moda, nada resolve, bem pelo contrário, com a sua conotação biológica. Os termos demasiado gerais ou demasiado globais revelam-se frequentemente de pouca utilidade. Se os antropólogos necessitam do termo *sociedade* para designar um sistema de vida comum, o próprio termo *sistema* pode induzir em erro, caso sugira um todo perfeitamente integrado. Com efeito, o conflito e a mudança são elementos constituintes de qualquer sociedade. A adopção de uma perspectiva sistémica não impede que se tenha em conta nem a variabilidade e a mudança, nem o ponto de vista dos actores sociais. Trata-se de perspectivas diferentes e de que a antropologia necessita. Estudos realizados a diferentes escalas acerca do mesmo objecto não se excluem mutuamente, ainda que sejam prosseguidos por diferentes investigadores. Ao abordar-se o estudo das diferenças e das especificidades, é necessário evitar o erro de, no seio de uma sociedade, mais ou menos artificialmente, isolar as subculturas, com os seus ritos e folclore próprios. Esta visão *culturalista* produz a imagem de uma sociedade fragmentada, constituída por um conjunto de comunidades, assumindo cada uma delas, em murmúrios ou em voz alta, pretensões à verdade. A época actual caracteriza-se, para cada indivíduo, por fluxos e refluxos entre o nível local e o nível global. Um merceeiro de Nanuet, perto de Nova Iorque, originário da região de Kerala, na Índia, abriu uma sala de cinema que exibe dois filmes indianos por noite, permitindo que 200 000 conterrâneos seus que vivem nas imediações permaneçam em contacto com a cultura indiana(1).

Para expor brevemente os domínios da antropologia, podemos recorrer à resposta a uma pergunta simples: o que faz o antropólogo? Constrói um objecto de estudo, escolhe um 'sujeito' ligado a determinadas formas de vida colectiva. Desloca-se ao *terreno* para aí efectuar uma pesquisa etnográfica, que é o fundamento do seu trabalho. Mas deve também ler, consultar a *bibliografia* sobre o objecto de pesquisa em questão. Ao empreender uma pesquisa, no mínimo tem de saber como, ao longo da história, se foram definindo as problemáticas e os conceitos que utiliza. Finalmente, o nosso antropólogo começa a *escrever* os resultados da pesquisa. É óbvio que estas frases se interpenetram – na medida em que o antropólogo 'lê' e 'escreve' sobre o terreno, mas possuímos o nosso plano: o objecto, o terreno, a leitura, a escrita.

(1) *New York Times*, 13 de Dezembro de 1998.

II

Os Objectos da Antropologia

I. Da etnografia de urgência à antropologia geral

A disciplina muda e o seu objecto também. No período clássico, a antropologia atinha-se ao estudo de pequenas sociedades exóticas, levando em conta o seu contexto imediato. Permanecia influenciada pela etnografia de urgência (*salvage ethnography*), que possuía como prioridade o estudo de sociedades em risco de desaparecerem face à expansão da civilização europeia. Hoje, com o reforço da interdependência económica e política, com o crescimento espectacular da mobilidade das pessoas e com a aceleração, ainda mais notável, da circulação de informação, o contexto expande-se ao planeta inteiro. As pessoas, onde quer que estejam, apenas se encontram vinculadas a determinado local em virtude de determinado contexto histórico. Por exemplo, como é que, num sistema mundial cada vez mais interdependente, poderíamos falar dos Zulus da África do Sul, dos Namibianos, dos Tutsis e dos Hutus do Ruanda, dos Timorenses, dos Miskitos da Nicarágua, dos Curdos, dos Afegãos, dos xiitas do Líbano, como se se tratasse de culturas autónomas concebíveis fora do contexto mundial? Os Nuer, exemplo canónico de uma sociedade sem Estado, neste início de século vêem-se a braços com uma mortífera guerra civil, que, devido a cisões religiosas e ao controlo dos recursos petrolíferos, opõe as populações do Sul do Sudão ao governo de Cartum. Grupo aparentemente pouco afectado pelos movimentos do mundo, já não possui o mesmo estatuto que no início do século XX: o seu isolamento ou relegação deve-se apenas a uma determinada conjuntura política ou económica – sempre breve e originada por circunstâncias históricas específicas. Hoje em dia, são poucos os grupos no mundo em que não se verifica o trabalho assalariado ou a importação de bens provenientes da cidade. Os índios Caiapós da Amazónia, vestidos e pintados ritualmente, manifestam-se em Altamira ou em Brasília contra as violações do seu território e registam as suas 'notícias' em vídeo. A resistência ao Islão dos Kalash do Indokuch e dos Dogon, de Bandiagara, é cuidadosamente encenada, com a finalidade de preservar os recursos turísticos dessas regiões. Longe de encarnarem o definhamento de uma cultura resistente à mudança, estes dois grupos apenas deixam transparecer o estado da sociedade no momento da observação. Conjugada com outros métodos, a descrição etnográfica surge como uma etapa necessária em qualquer estudo sério dos novos fenómenos resultantes de relações complexas entre contextos de domínio e os conceitos de minorias e de movimentos político-culturais: movimento chicano e zapatista no México, panmaia na Guatemala, comunidades negras na Colômbia, os sem-terra no Brasil, trabalhadores rurais em Porto Alegre, etc. A época actual confirma a evolução da antropologia, que, progressivamente, passou dos estudo dos povos para o dos temas. De qualquer modo, seria errado considerar esta tendência como radicalmente nova. Émile Durkheim e Marcel Mauss não estabeleciam um corte radical entre domínios locais e exóticos. E procuravam menos prosseguir uma análise detalhada e completa de uma determinada sociedade, do que estudar temas como a magia, a religião, os títulos honoríficos, os sacrifícios ou a divisão do trabalho.

II. A diversificação de domínios

A diversidade de assuntos que interessam aos antropólogos é tal que assistimos a uma especialização crescente, que se traduz por uma proliferação de nomenclaturas: antropologia da infância, da educação, da guerra, da arte, da doença, da cidade, espacial, do desenvolvimento e, até, antropologia da antropologia. Na maior parte das vezes, estas designações são criadas por comodidade institucional, mas tornam-se rapidamente consagradas pelo uso, de tal forma que tornar-se-ia vão contestá-las ou contorná-las. De qualquer modo, convém entender esses domínios mais ou menos novos como objectos empíricos diferentes, e não como subdisciplinas. Com efeito, estas arriscam-se a condenar a análise a uma espécie de cirurgia selvagem sobre domínios específicos – políticos, sagrados, religiosos, artísticos —, enquanto, na realidade, todas elas são forçosamente interdependentes. É por esta razão que, como mal menor, preferimos falar de antropologias do direito, da religião, da doença, da cidade, etc., do que de categorias mais fechadas, como fossem as antropologias jurídica, religiosa, médica, urbana. Pelo menos, esta solução mantém viva a ideia de uma visão antropológica única, porque apenas mantendo a humanidade inteira em perspectiva poderá a antropologia respeitar as suas verdadeiras dimensões. Evidentemente, com a multiplicação espectacular do número de investigadores e de publicações, passa a tornar-se impossível, para um só leitor, estar a par de toda a 'literatura' antropológica. De qualquer modo, apesar da obrigação da especialização, é necessário desenvolver esforços para se manter uma visão generalista mínima e lutar contra a guetização dos saberes. A expressão 'etnologia local', muitas vezes empregada nos dias de hoje, é enganadora, porque, na realidade, trata-se de uma etnologia centrada sobre o estudo da relação, que não difere na sua essência consoante se trate de um contexto ocidental ou exótico. Quando tentamos descrever determinados aspectos do nosso modo de vida europeu, devemos velar para não influenciarmos a informação. Devemos tentar compreender o que o inquérito do antropólogo poderá significar para aquele a que se dirige. Prosseguimos assim uma análise crítica da curiosa tarefa que consiste em descrever – logo, em escrever – a cultura de outros homens, num contexto geográfico e histórico diferente. O antropólogo tenta atingir uma verdade encerrada nas pessoas que interroga, muitas vezes sem estas o saberem. Tanto aqui como nos antípodas, pelos menos na primeira fase da pesquisa, é necessário transformar-se em autóctone para compreender os avanços e as limitações do projecto antropológico.

Abordemos agora o hábito que consiste em fabricar palavras compostas a partir do prefixo 'etno', como sejam etno-economia, etnocentrismo, etnocineasta, etc. Estas palavras compostas sugerem que o domínio, a atitude ou a actividade devem as suas características a uma cultura particular ou levam em conta factores culturais. Falamos igualmente de etnociências, um termo que encerra em si uma ambiguidade. As etnociências são entendidas quer como ramos da etnologia, quer como o saber dos outros povos num domínio particular e a análise comparativa desses saberes, quer ainda como o estudo comparativo de um domínio em função dos grupos culturais. O termo *etno-história* refere-se a um ramo da história (frequentemente utilizado pelos antropólogos) dedicado ao estudo de sociedades sem escrita, onde a historiografia clássica, pelas suas próprias características, não pode ser aplicada. Vários autores criticaram esta tendência para revestir de forma sábia o hermetismo das sociedades primitivas, inserindo-as numa classe separada do resto da humanidade. A *etnobotânica* dedica-se tanto ao estudo das plantas indígenas estudadas pelos etnólogos, como à teoria indígena das plantas. A *etnomedicina* é por vezes entendida como o estudo da medicina dos 'outros' e, em outras ocasiões, como a teoria dos outros em matéria de medicina, desde que exista na sociedade em causa um domínio autónomo identificável como tal. O mesmo sucede com a história, a psiquiatria, a musicologia, etc. Seria sem dúvida mais produtivo falar de ângulo, de abordagem, de perspectiva, do que procurar domínios disciplinares. A antropologia da doença, por exemplo, lança uma nova clareza sobre os temas clássicos ou menos clássicos da antropologia, como sejam as noções de pessoa (Marcel Mauss), de eficácia simbólica (Michel Foucault), da coexistência de diversas culturas, da imigração, etc. Por último, as etnociências adquirem uma terceira acepção que, pelo menos parcialmente, engloba as outras duas: dedicam-se à análise, inspirada pela linguística, das classificações e dos procedimentos verificáveis nas diferentes culturas nos domínios do saber e das suas aplicações. Podemos dizer que este último campo se sobrepõe parcialmente ao conjunto de pesquisas agrupadas sobre a expressão de 'antropologia cognitiva'.

A análise estrutural teve o mérito de tentar actualizar o trabalho de construção simbólica, ou seja, as categorias de compreensão existentes antes da sua 'domesticação' por um pensamento sábio. A antropologia cognitiva retoma esse campo, tentando responder, com o auxílio de métodos rigorosos, à questão de saber como se constrói localmente o mundo natural. A propósito dos domínios designados por uma palavra composta a partir do prefixo 'etno', torna-se necessário fazer uma referência à parte à etnometodologia, uma tendência da sociologia americana que aplica os métodos da etnologia à observação e à análise da vida quotidiana. Harold Garfinkel e os seus seguidores partem do princípio de que qualquer grupo social é capaz de se compreender a si mesmo, de se comentar, de se analisar. Os etnométodos são os procedimentos a que os membros de uma determinada sociedade recorrem para produzir o seu mundo, para o reconhecerem, para o tornarem familiar. Apelidá-los de etnométodos significa atribuir a pertença desses métodos a um grupo particular, a uma organização ou instituição locais. A etnometodologia transforma-se então no estudo dos etnométodos a que os actores recorrem quotidianamente([2]).

III. A construção dos objectos

As relações entre o pensamento e a linguagem levantam questões até hoje não resolvidas, o que explica sem dúvida os problemas de vocabulário a que os cientistas incansavelmente se dedicam. Construímos os nossos objectos de estudo experimentando definir e analisar os factos sociais que não se apresentam de forma natural, e nem mesmo como objectos empíricos. Somos também frequentemente obrigados a proceder a dois tempos, pela distinção – ou seja, pela simplificação – e, seguidamente, pela reintrodução de complexidade. Por mais que nos esforcemos por eliminar as nossas formas de pensar acerca de categorias tão bem definidas como o *parentesco*, a *economia* ou a *religião*, somos obrigados a

([2]) Ver Alain Coulon, *L'ethnométodologie*, Paris, PUF «Que sais-je?», 5ª ed., 2002.

recorrer a especializações quando nos encontramos envolvidos em campos de pesquisa especializados. Além do mais, como é necessário classificar correctamente para podermos pensar e dividir em capítulos aquilo que vamos expor, somos sempre levados a reintroduzir termos globais. Estas divisões devem também ser entendidas como princípios de estruturação das informações. O leitor deverá não os considerar como nomes próprios de objectos empíricos, mas como convenções puramente conceptuais. Torna-se bem evidente que os domínios que agora abordamos se confundem na realidade e se implicam mutuamente.

1. O parentesco

Há alguns anos, um autor americano dizia que a análise do parentesco estava para a antropologia como o nu estava para o desenho e para a arte. O parentesco e as regras de aliança matrimonial estão no cerne do estudo das sociedades restritas que foram o objecto primeiro da antropologia. Nessas sociedades, sem se proceder à análise do parentesco nada se pode compreender acerca das relações sociais, quer se trate de relações entre mulheres e homens, de relações entre grupos, do *habitat*, da posse das terras, da herança, da concepção do indivíduo, das relações face aos antepassados, das hierarquias sociais, etc. Inaugurada no seio de sociedades que outrora classificávamos de 'primitivas', a análise do parentesco expandiu-se a todas as formas de organização social, incluindo as sociedades fundadas oficialmente sob o anonimato de burocracias encarregadas da gestão da vida social, sob a economia de mercado e sob o mérito pessoal. Com efeito, por todo o mundo, as relações entre os homens permanecem em grande parte codificadas pelas estruturas de parentesco, ou seja, pelas ligações de filiação, de irmandade (relações entre irmãos e irmãs) e de aliança. Essas codificações são de natureza histórica, como podemos facilmente verificar na nossa sociedade, com a emancipação feminista e com o surgimento de novas configurações familiares. O parentesco é evidentemente social e não biológico, como se pensa demasiado precipitadamente nas sociedades ocidentais, muito preocupadas com as ligações de sangue e com a genealogia. Seria difícil afirmar que o parentesco e a aliança não desempenham já qualquer papel nas sociedades ocidentais, tanto no mundo dos negócios, como no do espectáculo ou no da política. Visivelmente, a lógica do mercado e dos contratos não dissolveu as relações sociais frequentemente classificadas (na sequência de Max Weber) de 'tradicionais', nem os mecanismos de reprodução social. O primeiro teórico do parentesco, o americano Lewis Henry Morgan (1818-1881), ao conviver com os índios Iroqueses rapidamente verificou que um mesmo termo, com que eles designavam ou se dirigiam a um parente, poderia agrupar indivíduos com lugares bem diferentes na árvore genealógica e no quadro de alianças. Propôs a noção de parentesco classificatório, ainda hoje utilizada. Para organizar a sua vida social, as diferentes sociedades humanas impuseram uma ordem à herança biológica. Torna-se então necessário estudar, caso a caso, a terminologia de parentesco, as regras de descendência, de casamento e de residência. Mas podemos abordar essas estruturas de diferentes formas. Grandes polémicas opuseram os partidários de uma análise formal dos sistemas de parentesco (Bronislaw Manilowski falava ironicamente de álgebra!) aos que privilegiavam as práticas efectivas. Alguns autores consideram mesmo que o parentesco é um domínio artificial e que não podemos separar as referências ao parentesco de outras esferas da vida social, designadamente económicas e jurídicas. Calorosos debates opuseram os teóricos da filiação, que estudavam a formação dos grupos sociais (famílias nucleares, famílias extensas, linhagens, clãs, tribos, etc.), aos da aliança, que, por sua vez, privilegiavam as trocas matrimoniais entre grupos. Um dos domínios que provam de forma eloquente que as sociedades humanas implementam sistemas comparáveis e numa quantidade definida é o das terminologias de parentesco: como chamamos ou designamos os diferentes tipos de parentes? Os antropólogos podem determinar os princípios lógicos a partir dos quais foram elaboradas as grandes tipologias estruturais de terminologia de parentesco. Essas terminologias implicam simultaneamente os princípios de filiação (a que grupo pertencemos?) e de aliança (com quem nos iremos casar?). Em certa medida, todas as sociedades são endogâmicas (casamento entre 'semelhantes'), mas em todas elas se regista também um princípio exogâmico, que obriga ao casamento fora do grupo de parentes próximos. Quanto à definição da proximidade que proíbe a sexualidade e o casamento, ela varia consoante as culturas, não sendo assim, de forma nenhuma, prescrita por qualquer lei natural. Nos sistemas de trocas matrimoniais distingue-se entre sistemas elementares, sistemas semicomplexos e sistemas complexos. Os primeiros prescrevem ou aconselham uma forma precisa de casamento: o nascimento indica o cônjuge por que se poderá optar. Por exemplo, um homem deverá casar com uma rapariga que seja filha do irmão da sua mãe, ou ainda, uma rapariga irá casar na linhagem em que se casou uma irmã do seu pai. Nos sistemas semicomplexos, o jogo das proibições restringe a escolha dos possíveis cônjuges, o que acaba por fazer aproximar esse modelo do das estruturas elementares. Tais sistemas determinam os grupos em que se pode casar. Quanto aos sistemas complexos, proclamam a liberdade de escolha, mas, evidentemente, os determinismos sociológicos (origem social, riqueza, instrução, formação, cultura, proximidade geográfica, pressão social, etc.) restringem essa liberdade teórica. Os sistemas que obrigam os tomadores de mulher a 'pagar' uma compensação matrimonial (normalmente, cuidadosamente codificada sob a forma de bens de prestígio, de cabeças de gado, de vestuário, de prestações materiais, etc.) são geralmente sistemas complexos. Dito de outra forma, poderá dizer-se que a troca de mulheres passa pela mediação de uma troca de bens. De qualquer forma, a troca está no cerne das sociedades humanas, ainda que, ao pormenor, as regras difiram bastante.

A filiação parece ter por base a biologia, mas, na realidade, encontra-se igualmente codificada pela cultura. Existe uma ligação de filiação entre dois indivíduos quando um descende de outro ou quando um e outro descendem de uma mesma pessoa. Esta regra determina a que grupo o indivíduo pertence. A filiação é o princípio que determina a transmissão do parentesco, atribui o estatuto e define os grupos sociais funcionais. Alguns conceitos designam os grupos sociais definidos pelo parentesco que, de um ponto de vista lógico, se encaixam uns nos outros. A linhagem agrupa as pessoas que se consideram descendentes de um antepassado comum, podendo reconstituir a sua genealogia a partir desse antepassado. Falamos de linhagem e de filiação patrilinear se esta for transmitida pelos homens, e de linhagem e de filiação matrilinear se for transmitida pelas mulheres. Os grupos concretos com que nos confrontamos no terreno são muitas vezes constituídos tendo por base uma determinada referência na sua linhagem, embora englobem também membros de outras linhagens (como sejam as esposas ou os esposos). Falamos então de grupos de linhagem. Enquanto unidade social concreta, o grupo de linhagem possui uma extensão limitada. Diversas condicionantes materiais ou sociais poderão levar o grupo de linhagem a dividir-se em segmentos. Por vezes, tendo em conta uma origem comum, os chefes desses segmentos continuam a manter relações. Em outras ocasiões, nada mais subsiste que um vago sentimento de filiação, e cada segmento, tendo por referência o seu próprio fundador, transforma-se em breve numa linhagem autónoma.

O clã é um grupo cujos membros se consideram descendentes de um antepassado comum lendário ou mítico, sem poderem (ou sem desejarem) reconstituir a sua genealogia precisa. Cada clã reúne então um determinado número de linhagens aparentadas. Falamos assim de clã patrilinear, se a filiação for transmitida pelos homens, e de clã matrilinear, se ela for transmitida pelas mulheres. Em determinadas sociedades, a pertença a um clã determina toda a vida social, incluindo o que respeita ao trabalho e ao casamento, aos acontecimentos rituais ou às actividades militares. Em outras situações, as funções do clã poderão apresentar-se mais fluidas, adquirindo uma menor importância na vida quotidiana. Num regime patrilinear, *ego* (o indivíduo de referência, seja homem ou mulher) pertence ao grupo do seu pai, mas um homem e o filho da sua irmã, por exemplo, não pertencem ao mesmo grupo: o filho da sua irmã pertence ao grupo do respectivo pai. Os filhos de uma mulher não se inserem na sua linha de parentesco, mas sim na do seu marido. Num regime matrilinear, em que o parentesco é transmitido pelas mulheres, *ego* pertence ao grupo da sua mãe. Um homem e o filho do seu irmão, por exemplo, não pertencem ao mesmo grupo: o filho do irmão pertence ao grupo da respectiva mãe. Os filhos de um homem não pertencem à sua linha de parentesco, mas à da sua mulher. É importante compreender que, numa tal sociedade, o estatuto social e a herança passam não de uma mulher para os seus filhos, mas dos irmãos da mulher aos irmãos das suas filhas. É o irmão da mãe que exerce a autoridade. Nos sistemas bilineares (também chamados sistemas de dupla filiação), o indivíduo está ligado a determinados grupos em virtude da sua descendência masculina e a outros em virtude da sua descendência feminina. *Ego* adquire então determinadas obrigações sociais e exerce algumas funções devido à sua pertença ao grupo matrilinear, e outras em virtude da sua inserção no seu parentesco patrilinear. As linhagens matrilinear e patrilinear são duas entidades distintas e nitidamente definidas. Finalmente, numa modalidade de filiação indiferenciada (ou cognática), é tida em conta tanto a descendência masculina como feminina. *Ego* descende assim de quatro avós, de oito bisavós, etc. Cada um pertence então a grupos de parentes que se sobrepõem. Sendo assim, torna-se impossível constituir grupos permanentes, sendo tidos em consideração apenas alguns antepassados; por outro lado, razões relativas ao *habitat*, às opções individuais ou a acontecimentos particulares restringem também as possibilidades.

Uma polémica bastante antiga perdura ainda hoje entre os defensores de um determinismo biológico (sociobiólogos, psicólogos evolucionários) e os partidários de um determinismo cultural. Mais recentemente, a parcialidade de muitos estudos clássicos acerca do parentesco em termos de sexo/género (*gender*) foi posta em destaque, na medida em que têm por base e ponto de partida, e isso é incontestável, um indivíduo de referência masculino. Actualmente, a maioria dos especialistas tenta ultrapassar a oposição binária entre formalismo e pragmatismo: não é por nos interessarmos pelos princípios da codificação que iremos negligenciar a história, as práticas quotidianas, a construção dos géneros, as práticas religiosas ou as relações de poder. Além do mais, quase por toda a parte, qualquer que seja a vivacidade das tradições locais, convém estudar também a influência do

Estado e o controlo do aparelho judicial. Etnografias dos circuitos administrativos, um pouco por todo o mundo, seriam hoje muito esclarecedoras. Torna-se impossível rever aqui as noções de base, os métodos de pesquisa ou as diferentes 'escolas' em termos de parentesco, embora este faça parte da formação elementar do antropólogo. Os riscos são grandes: limitamo-nos a citar alguns temas como o matriarcado (um mito etnográfico), o incesto (universal no seu princípio, particular na sua definição), a igualdade dos sexos (todos os sistemas se constroem a partir da diferença sexual), a raiz do parentesco (todos os sistemas conhecidos têm por base algumas relações fundamentais), a filiação, a adopção (universal, embora sob formas diversas), o divórcio, etc. O leitor poderá consultar a este respeito os trabalhos de Claude Lévi-Strauss, Louis Dumont, Françoise Héritier, Francis Zimermann, Christian Ghassarian.

2. Economia, ambiente, ecologia

Ao confrontar-se com sociedades pouco integradas com a economia de mercado, a ciência económica ocidental não se poderia aplicar sem adaptações. Em qualquer parte onde a economia não se tinha constituído em sector autónomo, parecia difícil poder falar-se em cálculo de afectação de meios, de lucros, das leis da oferta e da procura, de venda, de compra, de crédito, de preço, de salário, de capital, etc. Após a descoberta, em diversos locais do mundo, que cerimónias espectaculares davam lugar a distribuições e a destruições em massa de bens, a imagem do 'selvagem' atido à simples sobrevivência desvanecia-se. Franz Boas, em 1909, Bronislaw Malinowski, em 1922 e Marcel Mauss, em 1924, inauguraram uma teoria das trocas e da dádiva, que modificava consideravelmente a forma de ver as economias 'primitivas'. Tornava-se perceptível que, em certas sociedades, a troca não tinha necessariamente uma finalidade económica e que não se podia proceder a um estudo sem abordar a organização social no seu conjunto. Pouco a pouco, deixava-se de se definir a economia 'primitiva' por termos negativos (fraca produtividade, ausência de excedentes, de poupança, etc.) e descobriam-se formas não comerciais de competição 'económica'. Um pouco por toda a parte, cerimónias do tipo *potlatch* (nome que lhe era dado pelos índios da costa oeste da América do Norte) tinham por função afirmar o estatuto dos grupos participantes, que lhes atribuíam uma expressão pública. Tinham também o objectivo de 'neutralizar' os excedentes no plano económico. A acumulação, seguida de uma redistribuição calculada, surgia como uma forma de exercício do poder. Mauss notava já que, em determinadas sociedades, «dar significa manifestar superioridade; aceitar sem retribuir significa subordinar-se». O uso intensivo do termo 'dádiva' poderá revelar-se enganador, na medida em que as prestações, as trocas e as dádivas não podem ser interpretadas sem ter em conta as estratégias individuais e os estatutos sociais que as determinam. Algumas instituições exóticas, como o *potlatch* e o *kula*, surpreendiam bastante os observadores europeus, habituados que estavam a gestões contenciosas. O *potlatch* era praticado pelos índios da costa oeste da América do Norte. Nesses grupos de caçadores-pescadores, os indivíduos de elevada posição esforçavam-se por manter o seu estatuto procedendo a dádivas ostentatórias e competitivas. «Se, na condição de chefe, te fiz uma dádiva, na condição de chefe deves devolver-me-la, aumentada de um coeficiente multiplicador.» Estas contendas poderiam mesmo culminar na destruição espectacular de bens. Factos comparáveis, pelo menos nos princípios de base, foram observados em pontos do globo bastante afastados entre si. O círculo do *kula* é um sistema de trocas equilibradas entre numerosas ilhas ao largo da Nova Guiné. Este sistema cria e reforça as alianças durante longos períodos. Os colares de conchas vermelhas (*sulava)* circulavam (em canoas ricamente decoradas) no sentido dos ponteiros do relógio, enquanto as pulseiras de conchas brancas (*mwali*) circulavam entre as ilhas no sentido contrário. As comunidades 'de trocas' são constituídas por várias ilhas, mas as operações são individuais e parecem motivadas pela procura de prestígio: cada chefe possui o seu séquito de parceiros hereditários e mantém-se uma contabilidade precisa das diferentes conchas. Facto notável: a troca é obrigatória e qualquer acumulação de lucros é socialmente condenada. As análises das trocas cerimoniais deixavam na sombra as outras esferas menos prestigiosas da produção e da troca, mas as pesquisas no terreno multiplicavam-se. Karl Polanyi e George Dalton forneceram uma nova orientação à antropologia económica, realçando a diversidade dos sistemas de trocas. Além do mais, os especialistas dividem-se em duas facções: os que consideram haver, apesar de todas as variantes, leis económicas universais; os que consideram que, em muitos grupos humanos, são as relações sociais e a interpretação simbólica do mundo que impõem as suas características à produção. Na maioria das sociedades que não são predominantemente geridas pela economia de mercado, não existe qualquer palavra que designe a economia enquanto sector autónomo. As trocas quase que se tornaram um objecto de estudo por si só, provavelmente sob influência do estruturalismo de Claude Lévi-Strauss, que, a partir de 1949, lhes passou a atribuir o papel maior nas organizações sociais. Neste como em outros domínios, ainda que lhe reconhecessem o contributo, a maioria dos investigadores diferia da abordagem estruturalista, interessando-se mais pela lógica social do que pelo funcionamento do espírito humano. Se procuram comparar diferentes sociedades ou diferentes instituições, fazem-no para tentar descobrir os mecanismos implícitos, mais do que para descobrir as raízes mentais que definem a aptidão simbólica inerente à espécie humana. As pesquisas no terreno documentam as relações trocas-aliança-poder com uma tal precisão que deixa de ser possível proceder-se a qualquer generalização, sem contudo se reforçar a tese ultra-relativista. Em França, os antropólogos que se dedicam aos factos económicos partiram frequentemente de premissas teóricas marxistas ou influenciadas pelo marxismo, tentando articular, numa análise económica global, o parentesco, o político e o ideológico. Ainda que sejam poucos os autores que defendam uma antropologia económica tal como foi definida, o número de publicações acerca destas questões está em grande crescimento, tanto mais que, desde as primeiras pesquisas, a maior parte dos grupos humanos se viram englobados, ou mesmo totalmente integrados, na economia-mundo. Hoje em dia, o estudo da produção e do consumo de víveres e de bens deve ter em conta as muitas pesquisas acerca da relação dos homens com o ambiente, da história das técnicas, da antropologia da natureza, da gestão biológica.

Os estudos antropológicos das relações entre os homens e o seu ambiente começaram por ser deterministas: pensava-se que as diferentes sociedades ou culturas deviam as suas características ao ambiente em que se desenvolveram. A adaptação cultural seguia a mesma lógica da adaptação biológica darwiniana. A partir do momento em que as pesquisas no terreno se começaram a multiplicar, com base nos métodos preconizados por Boas e Malinowski, estas rapidamente revelaram que as diferenças de organização social e de traços culturais não poderiam ser explicadas apenas por condicionantes ambientais. Sociedades que viviam no mesmo meio apresentavam grandes diferenças entre si e sociedades imersas de diferentes ambientes apresentavam intrigantes analogias. Provou-se assim que as condicionantes ambientais mais não faziam do que impor determinados limites. Contudo, na década de 50, a ideia de uma causalidade mais ou menos ligada ao ambiente conheceu uma segunda vaga, sob a designação de 'ecologia cultural' (Julian Steward) e, depois, de 'materialismo cultural' (Marvin Harris). Todos os traços culturais – desde a tecnologia aos rituais, passando pelo *habitat* e pelos sistemas de parentesco – corresponderiam a opções racionais em função das necessidades de adaptação local. A multiplicação de descrições etnográficas pormenorizadas, e mesmo de estudos históricos, colocaram novamente em questão o papel-chave do conceito de adaptação: na história humana, abundam os exemplos de opções desastrosas em termos de adaptação ao ambiente. Na década de 60, o *holismo*, que tinha por premissa a integração dos sistemas sociais, e as teorias causais fundadas sobre uma base determinista, foram contestados. Alguns antropólogos continuaram a procurar uma ordem de regulação global, propondo a noção de ecossistema. Conceito da biologia, o *ecossistema* é constituído pelo conjunto das relações de trocas materiais num determinado ambiente. Pesquisas recentes demonstram que a 'floresta virgem' amazónica não é tão virgem quanto isso. Com efeito, foram aí encontrados exemplos de pecuária, de agrupamentos residenciais, de campos cultivados, remontando a uma época muito antiga. Relativamente aos princípios da pesquisa antropológica comummente aceites, esta concepção tem por efeito fazer passar para segundo plano a noção de cultura, que deixa assim de ser estudada *por si mesma*, tendo em conta que o que passa a interessar é saber como *se verificam* materialmente as trocas. Para outros investigadores, favoráveis a uma *etno-ecologia*, tornava-se necessário evidenciar a necessidade de compreender as motivações dos actores sociais nas suas tomadas de decisões. Nas décadas de 70 e 80, multiplicaram-se as críticas contra o mito moderno de sociedades primitivas ideais, nómadas, isoladas, fora do tempo e vivendo em simbiose com o seu ambiente. As obras de divulgação geral, mas também os antropólogos profissionais, contribuíram para criar essa visão, ao negligenciarem a história dos contactos e das trocas. A polémica em torno daqueles a quem, com desprezo, os colonos europeus chamavam bosquímanos (os homens dos bosques) materializou-se em mais de 2000 artigos em revistas de antropologia e, sem dúvida, ainda não está encerrada. Controvérsias semelhantes surgiram em redor dos grupos de caçadores-recolectores da América do Sul e de África. Sem se pretender negar a influência persistente de um certo romantismo no próprio seio da pesquisa científica, de todas estas discussões resulta que as configurações locais são bem mais complexas do que se pensava, tornando difícil qualquer juízo primário. Intelectualmente mais interessante do que a noção de adaptação – sempre e forçosamente tautológica, o estudo da diversidade dos tipos de mediações que os grupos humanos desenvolvem com o não-humano permite ultrapassar dicotomias demasiado simplistas, como sejam as de simbólicas/práticas, sentido/função, idealismo/culturalismo/pragmatismo. Este interesse pelas concepções dos outros veio a desembocar naquilo que se convencionou chamar antropologia cognitiva, que se fundamenta nas *etnociências*, ou seja, os domínios científicos tal como são apreendidos pelas diferentes culturas. Trata-se de uma formulação mais neutra e menos precipitada que as antigas expressões *folk theories* ou *teorias indígenas*. Em determinados aspectos, a antropologia cognitiva aproxima-se da psicologia, à qual fornece matérias comparativas, designadamente no que respeita ao estudo das aprendizagens. O programa da antropologia cognitiva tenta aproximar os seus critérios de cientificidade dos das ciências experimentais, mas depara-se com as mesmas dificuldades que as sentidas pela antropologia cultural no seu conjunto: a recolha de informações no terreno nunca é 'pura', dependendo sempre também das hipóteses e centros de interesse do investigador. Ao estudarem os saberes indígenas relativos a domínios específicos, estas pesquisas alargaram consideravelmente o campo *daquilo que é interessante*: classificações, relativizações, mecanismos da memória, representações relativas a todos os domínios do conhecimento. Em suma, a antropologia cognitiva procede no sentido inverso da abordagem estruturalista. Esta última parte de um conjunto muito diversificado de produções sociais (sistemas de parentesco, mitos, etc.), para, pouco a pouco, os reduzir a algumas estruturas fundamentais que definem os limites mentais do pensamento. Pelo contrário, a abordagem cognitiva parte de mecanismos mentais a que o indivíduo, enquanto membro de uma comunidade, recorre para pensar e agir de forma adequada. É assim levada a interessar-se de sobremaneira pelas pesquisas da psicologia experimental, da linguística, da lógica, da neurologia (que regista actualmente enormes progressos). A questão das relações da aprendizagem (cultural) com as capacidades cognitivas, permite precisar ou afastar – na eventualidade de serem demasiado vagos – conceitos como os de socialização ou enculturação. Torna-se claro que, se o programa da antropologia cognitiva se concretizasse, se ela conseguisse explicar como se estabelecem as crenças, como funcionam os mecanismos de pensamento, como se constrói a memória a partir das experiências pessoais, assistiríamos a uma aproximação espectacular entre as ciências naturais e as ciências sociais. A oposição natureza/

cultura não passa efectivamente de uma construção, na medida em que podemos considerar que a cultura faz parte da natureza.

3. A antropologia política

A antropologia política assume-se por vezes mais como uma forma de 'tomar o pulso' ao campo da antropologia no seu conjunto do que como objecto de estudo específico. Desta forma, ocupa um lugar à parte, tendo em conta que a variabilidade das formas de organização política serviu de critério tipológico para identificar as formações sociais. Neste domínio, as reflexões e análises produzidas viram-se durante muito tempo obcecadas pelo desejo de explicar a génese do Estado, mas as grandes tipologias evolucionistas de Henry Summer Maine (1861), Lewis Henry Morgan (1877), Karl Marx (1859), Friedrich Engels (1884), V. Gordon Childe (1936) e Leslie A. White (1959), que retratam a evolução das formas de organização social, desde a génese primitiva do Estado, passando pelas tribos e pelos clãs, não resistiram às críticas. O nascimento de um poder central autónomo nunca deriva de uma causa única e universal: pode estar associado à conquista, à exploração económica de uma classe social por outra e à existência de um excedente, ao controlo dos armamentos, à necessidade de organizar a produção (nomeadamente, os grandes trabalhos de irrigação), ao controlo do comércio, etc. Em diversas sociedades – pense-se designadamente nas realezas sagradas e nos cultos dos antepassados, torna-se impossível abordar o domínio político sem envolver os factos religiosos. A definição europeia de política (do grego *polis*: a cidade, o Estado), restringindo o seu sentido ao exercício do poder do Estado, colocava a antropologia perante um conjunto de fenómenos inexplicados.

Há sociedades que podem ser governadas sem que uma classe dirigente exerça, por intermédio de um governo central, uma verdadeira soberania sobre uma unidade territorial bem definida. Torna-se necessário resistir à redução da política à noção de poder, tendo em conta que a antropologia política se dedica também e sobretudo ao estudo da edificação e das formas da autoridade legítima. Se determinadas sociedades pré-coloniais possuíam organizações fortemente centralizadas, tendo por base uma administração e a coerção, outras preservavam a sua coesão sem que o poder fosse sequer aparente (aquelas a que chamamos sociedades *acéfalas*). Malinowski descobriu que o poder podia exprimir-se por um jogo de prestações mútuas entre o chefe e os membros do grupo. Os *big men* melanésios armazenam bens graças às suas redes de parentesco e de clientela, investindo-os seguidamente na organização de sumptuosas festas, que oficializam o apoio dos seus partidários. Em determinadas sociedades estudadas pelos antropólogos, o Estado e o parentesco podem estar estritamente interligados. No seio das redes políticas, também as trocas matrimoniais podem desempenhar um papel importante. Graças aos seus privilégios económicos, um chefe ou um rei pode expandir a sua rede de alianças através de numerosos casamentos poligâmicos. Sociedades desprovidas de instituições centralizadas e em que as relações entre grupos de linhagens não estavam reguladas por uma autoridade específica, como acontece com os Nuer do Sudão, foram denominadas sociedades *segmentárias*. A importância das unidades políticas que aí se encontram em jogo depende da fusão ou da oposição entre segmentos de linhagens. Em outras sociedades, os grupos de parentesco são contrabalançados por classes etárias, grupos hierarquizados de indivíduos que, em conjunto, passam pelos rituais de iniciação sócio-religiosa. Nos Kikuyu do Quénia, por exemplo, os chefes das classes etárias superiores são detentores de autoridade política. Nos Ochollo da Etiópia, os problemas que surgem são abordados em assembleias plenárias. Por outro lado, os mecanismos do poder passam frequentemente por rituais e por representações cosmológicas, o que faz com que a antropologia política se torne inseparável do estudo das representações. Aliás, Marc Augé propôs o conceito de ideo-lógica para designar as configurações que articulam simultaneamente as relações de poder e as relações de sentido. A instituição real apresenta frequentemente uma dimensão sagrada. Sendo o rei a charneira do mundo divino e do mundo social, a sua função surge como necessária para a perpetuação dos ritmos cósmicos e para a realização de grandes cerimónias anuais. Em caso de catástrofe prolongada, a natureza excepcional do poder real poderá ser posta em causa. A adversidade, tendo por base a sua força excessiva – ou, pelo contrário, a sua perda de força vital em virtude do envelhecimento, da doença ou da esterilidade –, transforma-o na vítima emissária ideal [vulgo bode expiatório]. Deve então a sua eficácia à ignorância, pelo menos parcial, dos mecanismos que fundamentam o seu poder. A ordem de coisas que daqui decorre poderá ser mais ou menos explícita, desembocando na produção de regras jurídicas apenas quando a sua violação origina uma sanção infligida por uma ou várias pessoas socialmente qualificadas. Nos Andaman de Samatra, a única sanção existente era a pressão da opinião pública, que se manifestava pela reprimenda, pelos apupos ou pela chacota. Na década de 30 do século XX, junto dos Nambiquara do Brasil, estudados por Claude Lévi-Strauss, o poder do chefe não era exercido com base na coacção, antes no consentimento dos elementos do grupo.

Para compreender todos estes mecanismos, é necessário atribuir ao domínio político uma definição mais ampla do que aquela que resulta da sua etimologia. O problema da génese do Estado deu então lugar ao estudo da diversidade dos modos de exercício do poder, dos mecanismos de domínio, das formas de funcionamento do Estado. Michel Foucault fez trabalho antropológico ao chamar a atenção para formas de poder difuso geradas por instituições biopolíticas: a saúde, a higiene, as políticas de assistência, o controlo dos fluxos de mão-de-obra, as instituições psiquiátricas e psicológicas, a criminologia, as prisões, os asilos. A antropologia política dedica-se também privilegiadamente às diferentes formas de produção da territorialidade, às estratificações sociais, aos estatutos e aos papéis sociais, ao exercício legítimo da força, ao conflito, às relações entre a lei, os direitos de apropriação e à política. Nestes domínios, não só devem ser estudadas as regras como também as práticas que, por vezes, quando observadas em situações concretas, contradizem as primeiras. As diferenciações sociais, baseiem-se elas no género, na idade, na classe, na casta, na divisão do trabalho ou no domínio da linguagem, criam e perpetuam formas de domínio. Para analisar estes mecanismos de distribuição do poder, poder-se-á distinguir, segundo Max Weber, entre poder e autoridade, com esta última a implicar, no mínimo, alguma legitimidade. É por esta razão que qualquer ideologia se procura legitimar tentando integrar-se na ordem natural das coisas. Já Marx dizia que as ideias que conduzem as sociedades são as dos dirigentes, ainda que, ao nível simbólico, os sujeitos dominados possam recorrer a mecanismos de defesa. O comunitarismo, por exemplo, visa subtrair um grupo social ou uma 'sociedade' do seu ambiente histórico, preservando-o do conjunto que o integra, ou seja, do Estado, acusado de assimilacionismo. Nas tomadas de posição feministas encontram-se duas linhas de pensamento muito distintas: uma afirma a especificidade de um género feminino que tem direito à sua diferença e contesta os valores masculinos; a outra, defendida por Judith Butler, afirma que não existem identidades de género para além das que são impostas a partir do exterior, tanto pelo Estado como por estruturas difusas de poder.

O cavalo de batalha dos filósofos pós-estruturalistas – o estudo dos discursos como forma de poder – foi aproveitado por todas as ciências sociais, incluindo a antropologia. A partir da década de 70, a produção de discursos transformou-se num palco privilegiado para o estudo das relações de poder: quem diz a verdade? Quem tem o direito de falar? Quem controla a palavra? Durante muito tempo, os etnógrafos procuraram explicar os mecanismos do poder, da política e do direito das sociedades ditas 'tradicionais', ao tentarem desmontar as declarações proferidas no contexto da política colonial ou pós-colonial. Sob o guarda-chuva colonial, o poder de determinados chefes locais cresceu ou diminuiu, ou, de qualquer das formas, sofreu uma modificação. Uma antropologia da antropologia revela igualmente a dimensão política da relação entre observadores e observados. A partir da década de 60 começaram a surgir protestos contra os etnógrafos, designadamente por parte dos movimentos pan-indígenas da América do Sul.

A violência é um tema maior da antropologia política, mas acerca da qual não é possível propor uma teoria geral. A lista de pesquisas sobre esta temática é extremamente diversificada. Os antropólogos podem estudar como o corpo humano se transforma, para militantes terroristas da Irlanda do Norte, da Palestina ou do Sri Lanka, num instrumento ao serviço de uma causa. A greve de higiene, de fome, o atentado suicida, são diferentes formas dessa instrumentalização. A radicalização de posições em campos opostos determina o envolvimento físico, a passagem à acção e a explosão da violência. Na maior parte dos casos, a propaganda política tem as suas raízes na história, apoderando-se de motivos passados para proceder a uma montagem, uma mitologia moderna que pode desembocar num programa de extermínio do outro, como sucedeu no Ruanda. No domínio antropológico, a guerra surge como um termo demasiado amplo, não permitindo a percepção da diversidade de situações. Só no 'mundo' melanésio poder-se-á distinguir uma meia dúzia de tipos de conflito. A guerra poderá ser institucionalizada, convencional, iniciática, económica, podendo também ser civil ou militar, um hábito ou quase uma forma de estar. Todavia, qualquer guerra opõe necessariamente unidades políticas localizadas. A expressão 'guerra contra o terrorismo' poderá revelar-se eficaz como mote político, mas no domínio antropológico não possui qualquer sentido. Se as teorias do sistema social privilegiaram inicialmente uma visão relativamente estática, fundada sobre tipologias étnicas rígidas, acabaram por ceder lugar às análises que revelam tanto o carácter de construção histórica – como seja o direito colonial – dos grupos étnicos, como o carácter eminentemente dinâmico dos factos políticos. Não podemos simultaneamente afirmar que o objecto da antropologia desaparece com o fim das etnias e constatar a proliferação das reivindicações étnicas. A etnia não pode, de modo algum, ser comparada com uma espécie natural, que sobrevive ou desaparece. A produção da etnicidade deve ser analisada como fenómeno histórico merecedor de uma abordagem específica, caso a caso. Face a uma representação estática da entidade cultural, torna-se necessário lembrar que esta é uma construção, um processo. Actualmente, nem a antropologia nem a sociologia se satisfazem com uma concepção funcionalista, segundo a qual qualquer parte constituinte de uma sociedade global contribui para o seu equilíbrio geral. Com efeito, se, em qualquer sociedade, existem mecanismos que têm por função e por efeito assegurar a coesão, também o conflito e as contradições são igualmente constituintes dessa mesma sociedade. Desde a década de 60, a queda dos impérios coloniais e as transformações políticas num quadro pós ou neo-colonial fixaram as regras dos novos desafios da antropologia política.

Após um período dedicado à sobrevivência dos antigos folclores, os especialistas da Europa viraram-se para questões quentes mas mal conhecidas no seio dos regimes democráticos, como seja o clientelismo, a hereditariedade dos cargos, as ligações entre os poderes locais e o Estado. As actuais transformações – a queda do bloco soviético, a globalização, o multiculturalismo, a contestação do Estado-nação, mas, simultaneamente, o ressurgimento dos micro-Estados – expandiram o âmbito de preocupações dos antropólogos. O multiculturalismo, por exemplo, é um fenómeno complexo em que é necessário distinguir entre a afirmação de diferenças irredutíveis e, no extremo oposto, o princípio de uma sociedade mais aberta. Se a emigração na Europa, por exemplo, dá origem a uma espécie de *etnização* dos grupos de migrantes, o fenómeno encontra explicações menos numa tendência 'natural' dos próprios grupos, mas sobretudo no enfraquecimento do poder atractivo da assimilação e da integração. A política é também a arte de administrar e de produzir sujeitos, cidadãos. Através de diferentes medidas tomadas nos planos social, sanitário, médico, pediátrico, geriátrico, bioético, securitário, educativo, etc., podemos entrever uma antropologia implícita (as políticas da vida), que o investigador deverá trazer para a ordem do dia e discutir no espaço público.

Terminemos com uma nota acerca da ética da investigação: a antropologia política sente por vezes algumas dificuldades em manter uma atitude descritiva ou explicativa isenta de qualquer dimensão normativa: crítica social, envolvimento político, expressão de utopias, defesa de ideais, previsão do fim da história, etc. Manifesta-se também uma outra necessidade: o convite para a especialização ao serviço de instituições em perpétua recomposição.

4. A antropologia da religião

A antropologia da religião insere-se normalmente numa tradição materialista, liberta das interpretações teológicas, mas que, durante muito tempo, se viu influenciada pelas religiões bíblicas. Para os ocidentais, ainda que ateus ou agnósticos, torna-se difícil desligar-se da ideia de uma religião monoteísta, ligada a um texto, exclusiva e implicando uma conversão. Face à complexidade do mundo, não espanta que, em todas as latitudes, os homens tenham procurado alcançar as verdades ocultas para além da normal percepção. Formularam hipóteses sobre energias que regem o mundo e, com frequência, tentaram tornar visível o invisível. Os pensadores ocidentais (incluindo teólogos e artistas) não possuem evidentemente o monopólio de noções como sejam as de energia, força, vontade, alma, princípio vital, sopro de vida, etc. Não possuem o monopólio da metafísica, não apenas no sentido da procura de causas ocultas para além das percepções imediatas, mas no sentido, mais disciplinar, de especulação sistemática. A melhor etnografia não passa pela solicitação de informadores privilegiados acerca de temas envolvendo os deuses, os antepassados ou a fé, mas pela observação de práticas individuais e colectivas e pela recolha de dados acerca de uma vida singular em curso. A teoria 'indígena' apenas faz sentido na prática. A extrapolação a partir de casos singulares resulta sempre delicada. É também necessário, a partir do momento em que decidimos correr esse risco, mostrar de que forma estamos a pensar reconstituir o conjunto de crenças relativo a diferentes temas como sejam a pessoa, a hereditariedade, a linhagem, a feitiçaria, etc. No processo de escrita, corre-se o grande risco de fechar um sistema aberto, em que os actores sociais depositam os seus problemas emergentes. As noções de fé e de crença são tanto mais difíceis de lidar quanto a religião parece ser extensível à cultura no seu conjunto. É sabido que, na sequência de Michel Foucault e de Paul Veyne, existem várias medidas da verdade no seio da mesma cultura e mesmo ao nível do indivíduo. Boa parte da 'religião' consiste em práticas mecânicas, ou seja, em determinados contextos, em técnicas, como sejam os gestos protocolares para as cerimónias, os sacrifícios ou as orações. Até à década de 60, a descrição detalhada dos costumes, das crenças, dos mitos e dos ritos era frequentemente submetida a uma explicação funcionalista. As representações e práticas religiosas tanto serviam a coesão e a estrutura do poder, como reflectiam uma visão do mundo natural e social. A influência da obra *Formas Elementares da Vida Religiosa*, de Émile Durkheim (1915), contribuiu em muito para esse tipo de explicação. Nesta óptica, com efeito, uma crença religiosa é sempre verdadeira, na medida em que preenche uma função social. Durante várias décadas, a ideia de que os ritos exprimiam e reforçavam a solidariedade do grupo – de tal forma que este se transformava a si próprio em objecto de culto – foi largamente aceite. Contudo, hoje em dia já ninguém pensa ser possível conceber uma sociedade como um todo homogéneo. A divisão sagrado/profano, crucial na argumentação de *Formas Elementares*, continua a suscitar debates, porque nunca foi possível chegar-se a qualquer consenso relativamente à definição do sagrado. Também a análise marxista se insere num quadro funcionalista, mas com uma dimensão suplementar ignorada por Durkheim: a religião é entendida como o 'ópio do povo', como uma arma ideológica nas mãos das classes dominantes.

Actualmente, uma corrente neofuncionalista aborda a religião de uma forma mais dinâmica, relativamente aos processos de legitimação da autoridade, à expressão de queixas pelos dominados, aos interesses de classe e às estratégias individuais. Em determinados contextos, o ritual surge como um prolongamento da luta política. Pouco a pouco, as explicações funcionalistas foram cedendo lugar a teorias que chamavam a atenção para a construção do sentido: os ritos são vistos como vectores de informação ou como expressões de uma mundividência. Claude Lévi-Strauss reconhece explicitamente o grande papel desempenhado por um artigo de Durkheim e Mauss intitulado *Les Classifications Primitives* (1903), que chamou a atenção para as questões intelectuais do mundo. Sob influência da linguística, rapidamente se começaria a falar de codificações simbólicas. Com efeito, todos os povos classificam as espécies (vegetais e animais), os elementos e as substâncias da natureza, os fenómenos climáticos, etc., em diferentes categorias. Uma das hipóteses mais discutidas desde a década de 60 passou à posteridade sob o nome de 'hipótese Sapir e Whorf' (dois linguistas e antropólogos). Segundo eles, existe uma relação necessária entre as categorias e a estrutura da língua e a forma como os seres humanos apreendem o mundo. Assim, a língua dos índios Hopi dedicar-se-ia mais ao movimento do que, como sucede nas línguas europeias, às coisas. Para outros autores, grande parte destes processos cognitivos efectua-se exteriormente à linguagem. O estruturalismo, mas também as teorias de Gregory Bateson (*Para uma Ecologia do Espírito*, 1973), nos Estados Unidos, deixaram a sua marca, ao afirmarem que, na estruturação do mundo, as relações eram mais importantes que os objectos em si mesmos.

Ainda que o rito não se confine à esfera religiosa, não há nenhuma religião que não envolva rituais.

A noção de *ritos de passagem*, proposta em 1909 por Arnold Van Gennep, exerceu um impacto considerável, não apenas sobre os estudos de antropologia religiosa, mas também sobre as investigações centradas na organização social. Esses ritos, que ocorrem em fases precisas, ritmam o ciclo de vida dos indivíduos e estruturam a sociedade. A noção, retomada por diversos autores, foi várias vezes repensada, designadamente por Victor W. Turner (*O Fenómeno Ritual*). Ela implica diferentes estádios de iniciação, que se fazem acompanhar pela incisão no corpo de marcas irreversíveis, como sejam incisões na pele, mutilações sexuais ou outras alterações físicas. Em certas ocasiões, os funerais, que por vezes representam a concessão ao indivíduo de um estatuto de antepassado, podem ser entendidos como o último dos ritos de passagem. De qualquer modo, a finitude do corpo individual, face à sobrevivência da colectividade e do corpo social, requer que lhe seja atribuído um sentido. Com base nas ideias de Sigmund Freud, alguns autores viram nas práticas rituais uma expressão dos conflitos internos dos envolvidos. O próprio Freud recorreu à mitologia e aos dados etnográficos do seu tempo para desenvolver a sua teoria do inconsciente. As ideias da universalidade do complexo de Édipo e o mito do comunismo primitivo, que retomou, tinham deparado com a hostilidade dos antropólogos, mas os princípios freudianos exerceram uma grande influência, inicialmente de forma indirecta, sob a escola americana designada 'cultura e personalidade' e, posteriormente, de forma mais explícita, sobre autores como Géza Roheim, Georges Devereux, Edmond e Marie-Cécile Ortigues, Roger Bastide e muitos outros. O interesse dessas pesquisas reside na sua preocupação em articular os níveis individual e colectivo. Com efeito, elas transcendem a ideia de uma causalidade ao nível individual: se a religião responde com frequência às necessidades do indivíduo, não é para as verem preenchidas que os membros de uma determinada sociedade se tornam religiosos. Por outro lado, a descoberta de que, em muitas culturas, o indivíduo é considerado como a união efémera (durante o tempo da sua própria vida) de elementos diversos, alguns deles preexistentes à data do seu nascimento e sobrevivendo-lhe após a sua morte, colocou em causa as instâncias da personalidade tal como propostas por Freud. Poderemos utilmente inserir os fenómenos rituais no quadro de uma sociologia das mediações: os mecanismos rituais funcionam como mediações necessárias para a acção de determinados homens sobre outros homens. Por detrás das relações dos homens com a natureza ou com Deus, encontram-se as relações dos homens entre si. Os destinatários proclamados dos ritos, sejam eles deuses, génios ou antepassados, não passam de mediadores das relações dos seres humanos entre si. Afinal de contas, a relação simbólica limita-se a unir seres humanos. Os ritos não podem ser classificados apenas segundo critérios religiosos, sociais, psicológicos ou estéticos: eles abrangem todos estes domínios, o que explica sem dúvida o seu extraordinário poder de sedução.

A antropologia depara-se por vezes com dificuldades de vocabulário, tendo em conta que deve resistir à tentação de canonizar as suas definições conceptuais, mantendo sempre um esforço de rigor. Os termos do léxico antropológico revelam-se demasiado rígidos quando contribuem para cristalizar os objectos que tentam explicar. Outros, com demasiados sentidos possíveis, exigem várias contextualizações caso a caso, como as palavras 'ritos' e 'rituais'. Para alguns autores, qualquer acção repetitiva e estereotipada (a abertura do parlamento em Londres, as saudações dos Dogon, o combate de galos na ilha de Bali) pode ser classificada de ritual. Os etologistas, que estudam o mundo animal em meios naturais, falam também de ritos a propósito de acasalamentos ou de atitudes de submissão codificadas. Para outros autores, a referência a um mundo invisível (a um nível transcendental), a intervenção de sacerdotes qualificados e uma intenção de eficácia são características essenciais para a definição de um rito. A etnografia positivista, por comodidade, falava da religião de um ou de outro povo como se se tratasse de uma doutrina perfeitamente definida e que facilmente pudéssemos descrever por escrito. Arbitrariamente, separava domínios como a magia, a feitiçaria, a religião, sem tomar em consideração que eles se inscrevem num conjunto de codificações que conferem sentido ao mundo natural e social. Esta classificação simplista não resistiu às críticas do estruturalismo e da hermenêutica. O primeiro chamou a atenção para o trabalho de construção simbólica e para as categorias de compreensão; a segunda, sob a forma de uma antropologia interpretativa, tenta exprimir a realidade social a partir do interior, com a pesquisa no terreno e o processo de escrita a serem definidos consoante as hipóteses problemáticas de partida. Quanto à antropologia cognitiva, pretende arrancar o estudo da religião às especulações e às predefinições conceptuais, estudando os princípios que explicam a génese das crenças. Um dos obstáculos com que depara é a sua dificuldade em utilizar informações elaboradas com recurso a outros métodos, menos controlados. Todas as informações divulgadas sem que se conheça exactamente a forma como o autor procedeu para chegar a tais resultados transformam a análise dos processos cognitivos numa tarefa extremamente delicada. No momento actual, a antropologia religiosa, sob uma máscara de unidade, engloba uma diversidade de abordagens, interligadas, por um lado, com a diversidade de culturas e, por outro, com a diversidade de pesquisas prosseguidas por outras disciplinas. A própria autonomização do 'domínio religioso' continua a constituir motivo de debate, na medida em que se insere, sem qualquer dúvida, no conjunto mais amplo dos modos de pensamento. A noção de sobrenatural não é universal, tendo-se imposto na civilização ocidental ao mesmo tempo que o conceito de ciências naturais. Ao domínio da natureza, observável por métodos científicos, opor-se-ia o do imaginário, dos mitos e das superstições. Por outro lado, o Ocidente sente algumas dificuldades em confrontar a componente irracional do homem. Consegue fazê-lo através dos artistas, de alguns filósofos, da psicanálise e de outras formas de racionalidade propostas pela antropologia.

5. Antropologia da representação

Em finais da década de 70, registou-se uma viragem na antropologia: passou-se de uma ciência dos factos, das normas, das estruturas, para uma ciência dos processos. A partir de então, as etnias, as culturas e as suas grandes manifestações públicas aparecem menos como entidades fechadas, concluídas, do que como produções históricas em curso. Entre todas as formas de que a arte dispõe para utilizar o corpo humano, dizia Mauss, os factos da educação dominam. A noção de *habitus* (que Mauss tomou a Aristóteles, sendo depois remodelada por Pierre Bourdieu) tem por objectivo salientar o que foi adquirido, que se encarna nos corpos e nos espíritos sob a forma de regras duráveis. Essas regras podem ser observadas nas posturas, nos gestos, nas mímicas, na expressão dos sentimentos, na forma como o artesão molda com as suas mãos, nas técnicas do corpo ou, segundo a bela expressão de Erving Goffman, nas representações da vida quotidiana. Uma grande parte da vida social e dos processos cognitivos não passa pois pela linguagem e poderá mesmo revelar-se de difícil expressão verbal. Este simples facto joga a favor do recurso, paralelamente aos métodos da etnografia clássica, à fotografia e aos registos audiovisuais. A propósito de manifestações públicas espectaculares, filmes houve que revelaram aspectos importantes que não foram linguisticamente constituídos. O facto de os actores estarem a 'representar' não significa necessariamente que tenham em conta todas as implicações do seu papel. O críquete britânico reinterpretado pelos ilhéus de Trobriand ou o culto dos génios Hawka nigerianos filmados por Jean Rouch (*Les Maîtres-fous*, 1954) troçam do colonialismo, sem que os «actores» se entreguem deliberadamente a uma sátira. Desempenham sinceramente o seu papel para aqueles que os filmam, sem possuírem o distanciamento profissional que constitui, segundo Diderot, o paradoxo do comediante. Muitas publicações chamaram a atenção para a dimensão 'espectacular' da vida social. Todo um vocabulário penetrou profundamente nas ciências humanas: teatralidade, encenação, peça, acto, gesto, drama, desempenho, papel, sequências, etc. Nos trabalhos de Michel Heiris, Erving Goffman e Victor W. Turner, estas noções foram articuladas numa verdadeira teoria destinada a melhorar a nossa compreensão da vida social. Contudo, convém desconfiar da 'sobreinterpretação' que encoraja o recurso – prematuro ao nível da descrição, ou excessivo ao nível da interpretação – às metáforas teatrais. Os países anglófonos criaram um domínio interdisciplinar baptizado *performance studies*, por vezes imperfeitamente traduzido para francês por '*anthropologie des arts du spectacle*' [ou, para português, por 'antropologia das artes do espectáculo']. Trata-se na verdade de um domínio bem mais vasto, que engloba o teatro, a música, a dança, mas também os rituais, as orações, os sacrifícios, as tradições orais, os carnavais, etc. Este tipo de análise foi inaugurado pela crítica literária e, mais precisamente, pela crítica teatral, mas, desde muito cedo, a antropologia viu-se solicitada, na medida em que começaram a surgir propostas de aproximações entre rituais e teatralidade. Nos dois casos, o evento destina-se a produzir efeitos sobre o público, que, diga-se de passagem, é frequentemente participante. A comunicação com um outro mundo – o mundo invisível dos antepassados ou dos deuses – passa menos pelos discursos do que por representações sugestivas capazes de aproximarem o ritual da arte. Os antropólogos limitaram-se muitas vezes a abordar os rituais apenas do ponto de vista dos seus efeitos sociais, ignorando a sua dimensão estética, à qual, na verdade, devem certamente a sua eficácia. A arte surgia mais como uma fonte de informação sobre os valores, a visão do mundo, a ideologia de uma sociedade, do que uma representação no domínio estético. A análise das categorias indígenas relativas aos rituais conduz assim ao aparecimento de preocupações de ordem estética. Qualquer religião e qualquer ritual necessitam de beleza, de representação, de espectáculo. Por 'estética' não se deve apenas entender uma representação dos objectos artísticos tendo em vista fins contemplativos, mas, pelo contrário, o facto de se representarem no ritual a exploração dos abismos da consciência humana, a relação com o mundo, o ciclo da vida e da morte, o mistério do nascimento, a sucessão das gerações e as demonstrações de força entre os vivos. Quando, à noite, à fraca luminosidade de um fogo de palha, se perfila uma 'máscara' africana das mais secretas exibindo ao céu as suas mandíbulas terrificantes, isso exerce sobre os iniciados um efeito emocional. A sua dança tem por base a alternância entre o aparecimento e o desaparecimento, o próximo e o longínquo, a partida e o regresso. A coreografia ritual recorre à instabilidade das formas: a aparição é apenas entrevista, um pouco como uma alucinação, ou seja, um fantasma. A experiência do espectador nunca é apenas visual; é de natureza entusiasta: ele dança, canta, grita, interpela o deus ou responde-lhe. Esta representação do entrevisto – quando os espíritos da selva descem à aldeia e as fronteiras entre os vivos e os mortos se esvanecem – conjuga os melhores efeitos estéticos com espectáculos divertidos. A tradução da palavra inglesa *performance* por 'espectáculo', contribui para a perda da dimensão performativa [ou 'do desempenho'] (inicialmente salientada pelos linguistas), segundo a qual o objecto (o assunto, o espectáculo) e a sua criação se confundem, se produzem mutuamente. Os espectáculos rituais são também 'representações', no sentido em que se superam a si mesmos, em que se colocam em causa, independentemente do rigor dos protocolos e das prescrições fixadas previamente à representação. Os acontecimentos espectaculares que servem os meios de comunicação social, como os grandes rituais colectivos, os carnavais, as mascaradas, não são assim nem um reflexo, nem a ilustração de uma cultura; pelo contrário, fazem parte das práticas através das quais uma cultura se cria e se transforma.

A divisão em capítulos como o parentesco, o poder, a religião, permitindo obter uma certa eficácia analítica, não destrói a experiência do *facto social total* (Mauss), onde todos esses capítulos se encontram confundidos. É apenas através do estudo das representações propostas pelas próprias pessoas que um investigador poderá compreender a sua relação com o mundo.

6. Filme etnográfico e antropologia visual

Quando o cinema foi inventado, alguns cientistas quiseram imediatamente colocar esta nova ferramenta ao serviço do estudo do homem e da observação dos seus comportamentos. Aliás, a antropologia e o cinema surgiram praticamente na mesma altura, o que os transforma em velhos amigos de infância. Os sucessos públicos do cinema de ficção fizeram rapidamente esquecer que, durante um período suficientemente longo, a produção de documentários era superior à de obras de imaginação. Hoje em dia, o documentário vive à sombra do 'grande cinema', mas, de tempos a tempos, regista algumas penetrações notáveis num mundo saturado de imagens comerciais. As câmaras Lumière, o formato 16 mm, o som síncrono, o vídeo, as câmaras digitais, foram descobertas tecnológicas verdadeiramente revolucionárias, que não deixaram de contribuir para um cada vez menor peso dos equipamentos. Trata-se de uma condição essencial para os etnógrafos, sempre cuidadosos em não invadirem o meio que os acolhe e em não destruírem os cenários que pretendem filmar. Hoje em dia, com uma câmara digital não maior que uma cigarreira, um etnógrafo pode filmar as situações sociais que observa e obter imagens de qualidade profissional. A categoria 'filme etnográfico', frequentemente empregue, é algo enganadora, porque nela se confundem filmes de exploradores, de viajantes, de cineastas independentes, de repórteres televisivos. As imagens dos operadores que empresas como a Lumière, Pathé ou Edison enviavam um pouco por todo o mundo para trazerem imagens exóticas são frequentemente citadas comos os primeiros filmes etnográficos. Actualmente, apesar de repetidos esclarecimentos, é sempre o paradigma exótico que serve de marcador e de denominador comum. É também necessário reconhecer que os filmes realizados por etnógrafos profissionais são muitas vezes decepcionantes. Compreende-se que, enquanto cientistas, estes 'cineastas por dever' se mostrem desconfiados face aos artifícios do cinema profissional, mas até época recente professavam um positivismo demasiado ingénuo. Procuravam uma neutralidade ilusória, sem tomarem em conta os determinismos históricos e culturais que condicionavam a sua observação. Os filmes eram propostos como se reflectissem fielmente uma realidade unívoca; como se o 'real' pudesse ser restituído de forma perfeitamente mimética, independente da observação que lhe é dirigida. A lição surgiu por intermédio de cineastas como Vertov, Flaherty, Grierson, Vigo, Epstein, Ivens, etc. A sua abordagem era mais artística e social do que científica, mas tinham a arte de propor um ponto de vista. Alguns de entre eles fizeram manipulações inaceitáveis para investigadores, mas possuíam o mérito de saber que o real não fala sozinho, que o observador recorta a realidade e constrói um discurso. Sabiam que os acontecimentos de natureza histórica, ou seja, não inventados por um encenador e interpretados por actores, devem todavia ser relatados e que, infalivelmente, o contador faz parte do conto. Foi isto que compreendeu Jean Rouch, que realizou numerosos filmes etnográficos numa óptica muito descritiva, mas que, em outros filmes, trouxe um novo fôlego ao género documental, estimulando a nova vaga dos anos 60 e antecipando os grandes debates dos anos 80 acerca da reflexividade em antropologia. Contribuiu para desmentir a ideia de que os filmes etnográficos eram aborrecidos, de realização bastante simples e necessariamente repletos de doutos comentários. De qualquer modo, torna-se necessário defender as expressões 'filme etnográfico' ou 'pesquisa fílmica etnográfica', na medida em que estas pressupõem um método. Pelo contrário, falar de 'filme antropológico' roçaria o absurdo, na medida em que, se se entender por tal filmes que retratem o homem, todos os filmes são antropológicos e sociológicos.

Quanto à antropologia visual, agrupa três tipos de actividade: a pesquisa etnográfica baseada no uso de técnicas de registo audiovisual, o uso dessas técnicas como modo de escrita e de publicação e, finalmente, o estudo da imagem num sentido amplo (artes gráficas, fotografias, filmes, vídeo), enquanto objecto de pesquisa. Desta forma, qualquer especialista de antropologia visual não se torna cineasta, do mesmo modo que os especialistas em iconologia não são obrigados a tornar-se pintores ou gravadores. No que respeita à produção de imagens enquanto objecto de estudo, os antropólogos já não podem partir do princípio que os membros de uma sociedade pensam e agem exclusivamente em função de referências culturais étnicas, simples e homogéneas. Não esqueçamos que o cinema existe no Brasil ou na Índia quase desde a sua invenção. Para o melhor e para o pior, todos os povos da Terra se encontram expostos não apenas aos proselitismos missionários, mas também, mais maciçamente, às mensagens que os separam do nível estritamente social: a rádio, o cinema, a televisão, os telediscos, a publicidade, a internet. No decorrer da sua vida, o indivíduo depara-se com modelos e referências complexos, vindos de horizontes diversos, dos mais locais e dos mais enraizados no tempo, aos mais voláteis. Apenas uma pesquisa que, como diria Harold Garfinkel, observe rigorosamente os etno-métodos a que os indivíduos recorrem no decorrer da sua vida permite compreender as referências, as influências adquiridas e as estratégias das pessoas num determinado meio. A este respeito, a profissão do antropólogo não deixa de ser a mesma, quer trabalhe com os Peul Bororo do Níger ou junto dos novos-ricos de Silicon Valley. Se resolver realizar filmes, o antropólogo deverá fornecer-se dos meios necessários. Não se trata de uma actividade que possa ser prosseguida por diletantismo, 'uma coisa mais', como uma espécie de elemento acessório destinado a ilustrar algo, cuja componente principal se encontra noutra parte. Para um antropólogo cineasta, o fundo não pode ser arbitrariamente separado da forma e a profissão requer necessariamente uma componente artística. A este respeito, é necessário saber emancipar-se dos modelos exclusivos da escrita. Os efeitos do conhecimento não são veiculados apenas pelos seus conteúdos, mas também através de sons, de imagens, de técnicas e de um estilo. Como escritor, o documentarista deve aprimorar a sua sintaxe, procurar a expressão adequada, trabalhar o ritmo, a narração, a emoção – em suma, o estilo. Realizar um documentário é uma arte discursiva que implica centenas de opções: escolher na realidade os detalhes mais significativos, deixando outros na sombra, enquadrar, cortar, reunir, reestruturar, escalonar as cores, misturar os sons, etc. O realizador recorre a uma retórica própria, destaca os personagens e as situações interessantes, respeita a unidade do tempo e do espaço em que se encontra, conforma-se com o realismo de uma crónica ou propõe, segundo as palavras de Eisenstein, uma «montagem intelectual». O filme e o vídeo revelam-se excelentes para mostrarem locais, espaços, testemunhos, tomadas de posição, atitudes, interacções sociais, fragmentos de vida. Ainda que a fronteira entre a ficção e o documentário seja ténue, porque tudo é filme e construído, o pacto narrativo proposto pelo realizador aos espectadores não é o mesmo quando se trata de uma obra de ficção ou de uma realidade abordada segundo uma determinada perspectiva. No primeiro caso, a criação engloba integralmente o objecto fílmico; no segundo, diz respeito ao tratamento de um objecto que podemos apreender de mil maneiras diferentes. Hoje em dia, graças sem dúvida aos progressos técnicos, quase todos os estudantes de antropologia que se preparam para efectuar a sua primeira investigação no terreno pretendem 'filmar', ainda que nem sempre formulem um projecto preciso. Infelizmente, o enquadramento e a formação pecam por defeito.

O ensino de uma cultura da imagem permanece subdesenvolvido, lacunar e marginal; ao contrário dos livros, pelo menos na Europa, os filmes não circulam ou fazem-no muito pouco e mesmo os grandes clássicos documentais são muito difíceis de encontrar. Quanto à prática, os estudantes sentem alguma dificuldade em conduzir simultaneamente uma pesquisa etnográfica clássica, já por si muito exigente em tempo e em recursos, e um projecto audiovisual. Quanto àqueles dotados para a imagem, abandonam a carreira universitária e a investigação para se dedicarem à realização de documentários. Seria necessário chegar-se ao ponto em que todos os antropólogos principiantes possuíssem uma cultura audiovisual suficiente para elaborarem os seus próprios documentos ou para colaborarem com conhecimento de causa com especialistas. No que respeita aos meios, torna-se também necessário deplorar que a televisão tenha quase totalmente adoptado uma lógica comercial, o que entrava a produção de documentários. Apesar desses obstáculos, a produção de filmes com interesse para as ciências humanas aumenta de forma espectacular e, nestes últimos anos, a qualidade dos filmes de estudantes de antropologia e de sociologia melhorou consideravelmente. É igualmente necessário notar uma reviravolta interessante: cada vez mais, as pessoas que eram os 'sujeitos' dos filmes etnográficos, tomam a iniciativa de produzir as suas próprias imagens e de documentar a sua vida social. O uso estratégico dos *media* pelos 'povos indígenas permite-lhes, pela primeira vez na história, controlar a sua própria imagem e emitir à comunidade internacional as mensagens desejadas.

7. A antropologia aplicada

Hoje em dia, os antropólogos intervêm cada vez mais como consultores acerca de 'problemas de sociedade', como sejam a bioética, as implicações das novas técnicas de procriação médica assistida, as biotecnologias, a educação, a cultura empresarial, a delinquência, as seitas religiosas, etc. A antropologia aplicada confronta-se com várias condicionantes. A análise da lógica das situações sociais apenas interessa a quem decide se esta puder contribuir para uma tomada de posição, para enunciar uma doutrina e propor medidas. De modo geral, os decisores necessitam de uma 'ciência curta', para conseguirem ajustar as suas opções a um tempo muito reduzido. *A priori*, esse constrangimento de tempo entra em contradição com os métodos de penetração praticados pelos antropólogos. Não obstante, diversas pesquisas demonstram que o desafio merece ser destacado. O grande domínio do desenvolvimento económico permanece, apesar de tudo, fora de serviço. Os exemplos espectaculares de arranques económicos na Ásia devem pouco às 'estratégias' do desenvolvimento, e muito mais aos movimentos do capitalismo mundial e à geopolítica. Muito esquematicamente, poderemos dizer que a teorização do desenvolvimento passou por fases em que dominavam as preocupações económicas (W. W. Rostow), depois as políticas, com as teorias do centro e da periferia (Immanuel Wallerstein, Gunnar Myrdal, Samir Amin, Charles Bettelheim, Andre Gunder Frank), depois antropológicas e, finalmente, de nível económico, com as recentes reestruturações do capitalismo 'global'. Na fase 'antropológica' das teorias do desenvolvimento, um muito grande número de publicações, baseadas em pesquisas efectuadas a 'micro-escala', dedicou-se à abordagem das explicações sociais e culturais, do papel das mulheres, ao estudo das tomadas de decisão, às quedas de prestígio, ao agravamento das desigualdades. Em qualquer nível que nos coloquemos, apesar do fracasso de muitos programas e projectos a ideologia tecnocrática permanece muito poderosa. A racionalidade é um dos grandes mitos (no sentido do discurso de autoridade) do Ocidente, mas, em termos de desenvolvimento económico, muitos são os especialistas que se declaram portadores da razão, do saber ou da ciência, sem se preocuparem muito em demonstrá-lo. A resistência do real parece demonstrar a existência de demasiados parâmetros em equilíbrio instável para poderem propor um prognóstico credível. Além do mais, muitos 'progressos' baseados na eficácia a curto prazo provocaram uma aceleração dos desequilíbrios a uma muito grande escala: aquecimento global, desertificação, poluição, etc.

8. Etnografias e antropologia das ciências

A história e a filosofia das ciências existem desde há muito, mas apenas desde há duas dezenas de anos é que se começou a dedicar uma atenção etnográfica e antropológica (por vezes mesclada de pesquisas históricas) à produção científica e às suas aplicações tecnológicas. Trata-se de um campo de pesquisa diversificado, fundamental para a compreensão do nosso mundo, que não parou de se desenvolver: estudo da construção da autoridade científica, crítica das formas de exposição teórica da ciência, análise comparativa das formas de organização da pesquisa científica, as relações entre o Estado, os institutos de investigação, o mercado, os mecenas, a sociedade civil, as implicações (filosóficas, éticas, jurídicas, politicas) das transformações induzidas pelas descobertas científicas.

IV. Campo e fora-de-campo da antropologia

Na introdução, dissemos que a antropologia era uma disciplina de encruzilhada, mas é necessário acrescentar que os intercâmbios são muitas vezes mútuos. A adesão de muitos sociólogos à antropologia e à etnografia remonta sem dúvida ao fim dos anos 50, quando os sociólogos de Chicago, sob impulso de Robert Park, começaram a privilegiar a observação e a pesquisa no terreno. Foram seguidos pelos sociólogos da Universidade de San Diego e, seguidamente, por muitos outros no mundo, em particular todos aqueles que designamos por 'interaccionistas' e por 'etnometodologistas'. Refira-se que não se trata de opor a microsociologia (que estaria próxima da antropologia) à macro. Sociologia e antropologia abordam as questões a diferentes escalas: o estudo detalhado de configurações locais não se opõe às lógicas estruturais a maior escala. De todas as ciências humanas, a história é aquela que mais se inspirou nas abordagens antropológicas ou que delas mais se aproximou. Leitores assíduos dos clássicos da antropologia, muito historiadores utilizaram-nos da melhor maneira; outros acabaram por deparar com eles de modo quase 'natural', sem que se possa necessariamente falar de empréstimos ou de interdisciplinaridade. Em França, por exemplo, a preocupação de substituir no seu contexto as pesquisas quantitativas dos *Annales* fez com que os historiadores levassem em conta factores culturais. O interesse antropológico manifestado pelos historiadores — pouco interessa se espontâneo ou por empréstimo — traduziu-se no aparecimento de novos objectos de estudo: a teoria da personalidade, das construções identitárias, das estruturas de parentesco, a história do corpo e das práticas corporais, da sexualidade e da família, da construção social dos sexos, do gosto, das práticas de consumo, do *habitat*, da influência da arte sobre os 'movimentos da alma', etc. O estudo dos sistemas de pensamento exóticos trouxe uma nova luz acerca da influência exercida pela teologia cristã e pela arte que dela decorre, sobre os ideais, os comportamentos, as atitudes, etc. A periodização (o que é uma época, um momento, uma era, uma conjuntura, um ciclo, um calendário?) impõe-se evidentemente como tema comum à antropologia e à história, tal como sucede com as noções de cultura, de mentalidade, de ideologia, de imaginário. A reflexão dos historiadores acerca da selecção de objectos de memória (o rito, o monumento, a comemoração, o arquivo, o calendário), alimenta-se evidentemente de uma cultura antropológica. Desde os trabalhos pioneiros de Morgan, o estudo dos sistemas de parentesco contribuiu para o diálogo entre os antropólogos e os especialistas da antiguidade. A forma como são ritualmente tratadas as esculturas africanas ou as efígies dos antepassados na Oceânia, ajuda-nos a compreender a função dos manequins nas cerimónias funerárias dos reis europeus. Nos estudos gregos, registou-se um desenvolvimento particular da abordagem antropológica, abordando as noções de deuses, de ídolos, de mitos, de crenças, mas também de espaço, de cultura e de política. Em termos de construção de um território, um caso grego poderá esclarecer um modelo da África Oriental e *vice versa*. Do mesmo modo, podemos comparar o estatuto do estrangeiro no mundo mandinga e na antiga Grécia. Sejam africanistas, americanistas ou oceanistas, os antropólogos preocupam-se com os factos gregos da mesma forma que o fariam os antropólogos mais helenistas. Encontram-se aí num terreno familiar, sem dúvida em virtude das semelhanças estruturais manifestadas pelos sistemas de representação politeísta, mas também devido a uma convergência nas abordagens e na construção dos objectos de pesquisa.

Surgiu uma 'nova nova história' (uma nova vaga nunca é a última), que adopta uma perspectiva qualitativa muito próxima da antropologia. Fundamenta-se na análise das experiências individuais, debruça-se sobre a construção social dos papéis sexuais, estuda os problemas metodológicos colocados pela biografia, pelos relatos de vida e pelos testemunhos, preocupa-se com os problemas inerentes à transposição para a escrita e com os cortes inerentes à descrição. Se são muitos os historiadores que se envolveram em verdadeiras investigações etnográficas, abordando a história a partir do presente, em sentido inverso, muitos etnólogos aperceberam-se da necessidade de conceber o seu objecto de estudo numa perspectiva histórica. Uma grande interrogação antropológica, como a transformação da diferença sexual em hierarquia, conduz forçosamente ao interesse por fontes antigas, à escala de toda a humanidade. Mesmo muito empiricamente, nenhum 'terreno' poderá ser concebido exclusivamente como um objecto estático, tendo em conta que é também e necessariamente histórico. Em reacção contra as especulações evolucionistas de finais do século XIX, os autores funcionalistas tinham decidido estudar cada sociedade como se se tratasse de uma configuração específica, mas rapidamente se tornou óbvio que não se poderiam abstrair da história. O princípio de integração de uma unidade social, seja ela qual for, nunca deixa de encontrar a sua contradição, e todas as práticas sociais, todos os modelos de comportamento, são envolvidos num perpétuo movimento de transformação. Sempre foi assim, mas é indubitável que os fenómenos históricos se aceleram. Se menos de 5% da população africana vivia em cidades em 1900, hoje, esse número aumentou para os 50%. Os novos objectos da antropologia, como sejam as migrações, os refugiados, o cosmopolitismo, as novas religiões, a sociologia das redes, são evidentemente de natureza histórica e o seu estudo envolve igualmente as ciências políticas. Por consequência, parece que esta dimensão diacrónica terá sido subestimada por gerações de autores, preocupados que estavam em inventariar tradições. As reflexões sobre as fronteiras, a etnicidade, a nação, o Estado, a noção de estrangeiro, o conflito, a guerra, dizem simultaneamente respeito a diversas disciplinas, como sejam a história, a demografia, a linguística, a geografia, a ciência política, a antropologia. Aliás, os historiadores foram os primeiros, em França, a interessar-se pelos trabalhos inovadores de antropólogos como Fredrik Barth, que salientava vincadamente que a identidade cultural consistia menos num conteúdo ou numa substância e mais numa relação entre grupos. Outras convergências manifestam-se entre a antropologia e uma geografia histórica e cultural dedicada ao *habitat*, ao local, à paisagem, ao espaço. Verifica-se igualmente, tanto no domínio da história como no da antropologia, um aumento de interesse dos autores pela imagem, nas suas relações com a linguagem. A história da arte, que apregoa por vezes uma abordagem antropológica, constitui hoje uma fonte de reflexão para os antropólogos, na medida em que as duas disciplinas se confrontam com a questão do sentido e da manipulação de indícios.

Ainda que o corte entre sociedades de tradição oral e sociedades com escrita não deva ser exagerado, nem mesmo concebido como um princípio de absoluta nitidez, a escrita facilitou certamente o exercício do pensamento analítico e o controlo de vastas populações por parte de uma administração. Por outro lado, o advento de sistemas educativos fundamentados na escrita, em lugar da utilização das imagens e do som, transformou as leis de transmissão cultural, ao ponto de nos ser difícil imaginar as formas de uma transmissão desprovida de técnicas de escrita. Todavia, a oralidade e o ritual prosseguem com a sua vingança até à sociedade moderna. Em estudos consagrados aos *media*, fala-se de 'televisão cerimonial', de 'regresso pela etnografia' ou de 'representação da palavra na televisão'. Podemos também adivinhar uma renovação da museografia, exemplificada através do imaginário dos coleccionadores de arte 'primitiva' ou ainda de questionários do tipo 'O que é um corpo, um objecto?', 'O que significa expor?', 'Quais as propriedades discursivas de um percurso?'.

III

O Terreno

A metodologia em que a antropologia se baseia é a etnografia. Trata-se do famoso trabalho de terreno no decorrer do qual o investigador participa na vida quotidiana de uma cultura diferente (longínqua ou próxima), observa, regista, tenta captar o 'ponto de vista indígena' e escreve. Boas e Malinowski são reconhecidos como os fundadores deste método, um com os índios da costa oeste dos Estados Unidos, o outro junto dos habitantes das ilhas Trobriand, ao largo na Nova Guiné. Preferindo partir sozinhos para investigar no terreno do que especular com base em relatos de exploradores, de viajantes, de militares e de missionários, Boas, a partir de 1886, e Malinowski, em 1914, inauguraram uma nova fase da disciplina, fundamentada em monografias e em descrições minuciosas e tão completas quanto possível das realidades locais. Contribuíram também para criar a imagem romântica do etnógrafo dedicado à descrição de costumes estranhos em recantos longínquos. A palavra 'terreno' que designa simultaneamente um local e um objecto de pesquisa, transformou-se numa expressão-chave do meio antropológico: 'trabalhamos no terreno', 'regressamos do terreno', 'abordamos um primeiro terreno', mantemos 'uma relação com o terreno', etc.

A eficácia da investigação no terreno consiste sem dúvida menos na pesquisa consciente e activa que numa aprendizagem espontânea. Esta é a razão, ainda que se tenha sempre de ter em conta a metodologia, que faz com que a arte do terreno, como por vezes é designada, não se aprenda nos livros. Quando nos encontramos imersos numa cultura diferente da nossa, ela informa-nos e forma-nos muito mais do que aquilo que a nossa memória consciente e organizada nos poderá fazer pensar. Ela reflecte-se em nós mais do que nós reflectimos sobre ela. É aquilo a que chamamos saber por familiarização ou por impregnação – um saber que aflora ao de leve a consciência, mas que se traduz numa impressão íntima de conhecimento do cenário dos acontecimentos que se desenrolam em nosso redor. A experiência permite prever o que se irá passar, não ignorar as regras implícitas de uma cultura. É a lenta e paciente familiarização com o terreno que faz com que o antropólogo deixe de estar à mercê da diversidade dos fenómenos: aprende a distinguir o que é informação daquilo que não passa de ruído circunstancial. É a experiência do terreno – como se diz depois de Freud: a experiência da realidade – que lhe permite não se entregar a criações arbitrárias, de não projectar numa realidade social o que ele aí deseja verificar, de não favorecer os seus interesses subjectivos ou os dos seus informadores privilegiados. No seu esforço de subjectividade, o antropólogo deverá lutar contra duas tendências contrárias. A primeira consiste em dar livre curso ao poder organizativo dos seus hábitos, que banaliza as impressões provenientes do exterior, classificando-as em categorias originadas da sua própria herança intelectual. A segunda passa pela definição da sua missão como uma compilação de diferenças, que transformaria qualquer informação exterior ao seu grupo de origem no símbolo de uma estranheza intrínseca. Correria assim o risco de uma constante sobre-interpretação. Em qualquer situação, deve estar consciente do facto que recolher informação não significa apenas sintetizar os principais dados, mas também modificá-los. Incentivar um 'informador' a formular uma explicação (uma glosa) a partir de indícios diversos como sejam práticas rituais, comportamentos quotidianos, aproximações simbólicas sugeridas por provérbios, aforismos, orações, etimologias, não significa 'recolher', mas sim criar uma representação que não existia anteriormente enquanto tal. É necessário distinguir entre a regra como hipótese teórica do investigador e a regra como hipótese teórica dos seus interlocutores, tendo sempre presente que a regra que subjaz realmente aos comportamentos observados pode também ser distinta de uma e da outra. O etnógrafo deverá também lutar contra a tentação de extrapolar a partir das afirmações de um só indivíduo, que tenha de boa-fé como representativo de toda uma cultura. A não ser que, uma vez 'profissionalizado', um colaborador assuma de boa vontade esse papel de adido cultural. O investigador deverá preferir os registos em bruto das afirmações espontâneas de personagens em acção aos questionários, que apresentam o inconveniente de formatar as respostas. Como as palavras do paciente na psicanálise, o que o informador diz completa o quadro traçado pelo antropólogo. Este último nem sempre resiste ao desejo de atrair as informações que recebe para o seu próprio terreno intelectual, a transformá-las em signos que interpreta em função daquilo que já sabe, em lugar de se interessar de mais perto pelas verdadeiras preocupações do seu interlocutor. Desde Durkheim, sabe-se que o trabalho de recolha de dados deverá estar subordinado à construção teórica do seu objecto de pesquisa. Com efeito, a realidade não é adquirida, antes sendo construída pelo investigador. A nossa própria percepção é criativa por excesso e por defeito. Por excesso, porque pode exagerar determinados traços; por defeito, porque pode seleccionar as impressões que correspondem às nossas ideias.

«Também o testemunho dos sentidos é uma operação do espírito em que a convicção cria a prova», escrevia Marcel Proust em *A Prisioneira* (1923). É por esta razão que um investigador bem formado deverá colocar em causa as suas próprias classificações, as suas próprias percepções da realidade, com o fim de se certificar que não é ele próprio a criar o objecto que pretende estudar. Este exercício de desconstrução, com a obra *O Totemismo Hoje* (1962), de Claude Lévi-Strauss, a revelar-se um exemplo precursor, é parte constituinte do 'saber-fazer' profissional desde há mais de 20 anos, mas impõe-se lentamente contra os *a priori* empiristas e positivistas. É apenas lutando contra os seus próprios automatismos, ao colocá-los à prova, que o etnógrafo pode consolidar as suas descrições. Procurará então multiplicar os pontos de vista, sem nunca pretender, por outro lado, englobar a totalidade do objecto.

No terreno, o antropólogo vê constantemente serem-lhe impostos temas e preocupações que não coincidem com as suas categorias de origem, nem com os requisitos escolásticos da sua profissão. O seu talento reside em demonstrar-se receptivo. Por seu lado, colocado na posição de 'sabedor', o informador transmite ao 'sábio' um saber que este último tenta compreender. As informações que fornece são inscritas pelo antropólogo num conjunto que ignora. Ainda que 'aquele que sabe' não diga tudo aquilo que sabe, o saber que transmite é-lhe, de alguma forma, arrancado. É então a partir de uma tensão entre o dito e o não dito e acerca dos saberes que cada uma das partes imputa à outra, que se constroem por vezes os supostos dados etnográficos. É por este motivo que o antropólogo deve ouvir com atenção. Deve criar um espaço onde se exprimam não apenas os valores, mas também as interrogações e as dúvidas do informador. Na sua fase científica, a etnografia nem sempre reconheceu no informador um verdadeiro interlocutor. A variante adquire importância, na medida em que o termo 'informador' despersonaliza a experiência intersubjectiva da pesquisa no terreno.

Se a crítica ao questionário (à entrevista) tem sobretudo em vista a condenação do seu uso exclusivo, seria excessivo afirmar que nada se pode aprender através desse meio. Os esforços pedagógicos desenvolvidos por um indivíduo (qualificado ou não) para explicar um uso, uma prática ou uma representação face a um estranho, resultam numa produção mista, mas que não é desprovida de sentido. A capacidade de se explicar constitui uma especificidade humana de que seria errado privarmo-nos. Por todas estas razões, no início de uma pesquisa parece aconselhável uma longa permanência no terreno. Esta permite uma aprendizagem por osmose dos hábitos, da língua, dos usos e costumes. Independentemente da técnica de inquérito empregue (pergunta-resposta, conversa, tomada de notas, registos, etc.), os aspectos não verbais da assimilação dos códigos sociais pelo etnógrafo não devem ser negligenciados: regras de presença, atitudes, gestos, mímicas, silêncios, risos, interjeições, etc. A amizade criada com uma ou várias famílias de acolhimento gera relações sólidas, que se reforçam ainda mais por ocasião de posteriores permanências, que se revelam cada vez mais frutuosas. Se for estudar, por exemplo, as concepções do mal e do azar entre os aborígenes da Austrália, será levado, à custa de muitos esforços, a compreender a complexidade da organização clânica e o processo de nomeação dos clãs e das gerações. Se for estudar a maternidade junto dos ilhéus Bijagós da Guiné Bissau, ver-se-á forçado a interessar-se pela possessão de mulheres por espíritos masculinos defuntos.

Na década de 70, esforços desenvolvidos para descobrir a realidade social a partir do seu interior conduziram a uma interrogação, no plano epistemológico, da experiência 'no terreno'. A esta reflexão do investigador sobre si mesmo em breve se chamaria reflexividade, uma dimensão crítica que, hoje em dia, surge como um princípio fundamental da análise transcultural. A eliminação do papel do pesquisador, por ocasião do trabalho de escrita dos clássicos da antropologia, foi criticada, como se se tratasse de uma distorção destinada a ocultar, sob um elevado nível de abstracção, a natureza intersubjectiva do saber antropológico. Contudo, uma leitura atenta revela que esta era mais ignorada do que negada por grande parte da profissão. A década de 60 assistira à multiplicação de obras consagradas à pesquisa no terreno, e diversos autores tinham realçado o carácter único de uma experiência em que o observador é o seu próprio instrumento de pesquisa. «De todas as ciências, ela [a antropologia] é a única, sem dúvida, a fazer da subjectividade mais íntima um meio de demonstração objectivo. (...) Consequentemente, na experiência etnográfica, o observador vê-se como o seu próprio instrumento de observação: sem qualquer dúvida, tem de aprender a conhecer-se, a desenvolver um ego, que se revela como 'outro' face ao 'eu' que o utiliza; uma avaliação que se tornará parte integrante da observação de outros 'eus'. Cada carreira etnográfica encontra o seu princípio em 'confissões', escritas ou inconfessas.»([3])

A antropologia abala as verdades estabelecidas, na medida em que, por ocasião da sua deslocação ao terreno, o investigador vê-se forçado a desprover-se da protecção do conformismo face a uma determinada ordem do mundo. Assiste, participa e testemunha tentativas diversas, feitas por homens aqui e ali, para viverem do mundo e lhe atribuírem

---

([3]) Claude Lévi-Strauss, 1960, retomado em *Anthropologie Structurale II*, 1973, pp. 25 e 48.

um sentido. Para aquele que por ela passa, a experiência no terreno provoca um duplo mas salutar desconforto. Em primeiro lugar, um desconforto material, que lhe permite compreender que não deve deixar que nenhuma definição prévia daquilo que é 'uma vida normal' possa provir de si mesmo. Em seguida, mais arriscado, o de se ver constrangido a rasgar o tecido de hábitos e de ideias construídas que até então o protegiam. A diferença entre o pensador enclausurado e o investigador no terreno é que este último se viu pessoalmente modificado pela experiência. Podemos pensar que os antropólogos, pelo menos aqueles que já passaram por experiências prolongadas no terreno, são beneficiários de interferências simultaneamente linguísticas e culturais. De qualquer forma, são especialistas nisso mesmo, um pouco como diria a frase de Brecht: «Pensava em outras cabeças e, na sua, outras cabeças pensavam. É este o verdadeiro pensamento.» Esta citação deve a sua beleza à sua complexidade, porque, neste contexto, por verdadeiro pensamento dever-se-á entender um pensamento dialogado, que é posto à prova pelo outro. Alguns antropólogos interessam-se não tanto em conceder prioridade a um objecto de pesquisa exterior, mas sobretudo pela experiência antropológica enquanto forma de consciência produzida pelo encontro de duas culturas. O objectivo da pesquisa surge então como um trabalho sobre si mesmo, um enriquecimento da consciência de si que pode também, eventualmente, comunicar algo acerca dos sistemas em presença.

Este desenraizamento poderá produzir-se em terrenos geograficamente próximos do seu local de origem, se o investigador aí viver durante todo o período de duração da sua pesquisa, mas perderá o seu poder subversivo se aí realizar apenas visitas de trabalho, para sessões de pesquisa. O terreno urbano possui condicionantes específicas. Paradoxalmente, torna-se bastante fácil chegar lá, de tal forma que o investigador para lá se dirige frequentemente, mas sem permanecer. Por outro lado, é-lhe praticamente impossível seguir, por exemplo, todos os membros de uma família, devido ao número de deslocações e de actividades. A valorização que os antropólogos fazem da experiência num terreno longínquo enquanto rito iniciático foi ridicularizada, designadamente por críticos que nunca por ela passaram. De qualquer modo, a experiência permanece um factor essencial, porque, na ausência desta provação formadora, a leitura e a avaliação da etnografia dos outros arrisca-se a permanecer no bloco de notas. O diário de terreno, que não é escrito para ser publicado, é para o historiador uma fonte preciosa, mas deve ser lido com perspicácia. Na maior parte das vezes, reúne os obstáculos, as dificuldades de comunicação, enquanto deveria servir também para a anotação dos sucessos, mais difíceis de registar. Mesmo em contextos longínquos, ultrapassado o obstáculo da língua o antropólogo apercebe-se de que muitas vezes compreende a maioria das reacções dos seus hospedeiros, embora nem sempre julgue isso um acontecimento digno de ser registado.

O estudo do contexto histórico da prática da antropologia (os *post-colonial studies*) revelou a dimensão política do papel do antropólogo enquanto herdeiro do colonialismo. Mesmo quando o antropólogo não passa de um estudante com pouca experiência, mesmo quando ele se sente muito próximo das gentes cujo modo de vida estuda, estas atribuem-lhe um lugar à parte: ele simboliza a modernidade, a cidade, um mundo privilegiado cujos beneficiários possuem meios para viajar, fazendo-o por estranhas razões. Todavia, a pesquisa no terreno raramente se revelou fácil, e a imagem do etnógrafo enquanto mestre encontra-se descontextualizada de sentido real. É necessário ter passado pela pesquisa no terreno para dela se poder falar com um pouco de humildade. Este lugar-comum deve muito à raridade dos textos reflexivos que testemunham a impotência do etnógrafo. A este respeito, convém conceder o devido mérito a Michel Leiris, que reparara que o contexto político e a relação do investigador com o seu terreno faziam parte dos dados etnográficos. Deste ponto de vista, a obra *L'Afrique Fantôme* (1934), o diário da expedição colonial Dakar-Djibuti, é tão interessante que Leiris resolveu deliberadamente publicá-lo, para grande cólera do chefe da expedição, que temia que o retrato sem complacências dos etnógrafos e dos administradores coloniais os pudesse privar de apoios logísticos preciosos. A pesquisa dia a dia, designadamente junto dos Etíopes de Gondar, mostra a que ponto o etnógrafo raramente é senhor da situação. Não obstante, exerce um poder simbólico: o de descrever o outro, de transpor a sua experiência para um texto escrito. Com efeito, é sempre o colonizador ou o seu descendente que descreve o colonizado ou o seu descendente.

Ao confrontar-se com a diferença cultural, o antropólogo esclarece também o fundamento das concepções específicas da sua própria cultura. Como exemplos, refiram-se trabalhos tão diferentes como as longas investigações na Índia de Louis Dumont (do *Homo Hierarchicus*, em 1967, ao *Homo Aequalis*, em 1976) e o estudo *A Distinção*, de Pierre Bourdieu (1979). É este vaivem entre o outro e si mesmo, entre eles e nós, que permite identificar o que outrora nos parecia tão 'evidente' que nem sequer nos questionávamos acerca da sua relatividade. A natureza de troca e o carácter contratual assumido pela pesquisa no terreno foi já várias vezes referido. Para além dos presentes e retribuições que intervêm sempre a um ou outro nível, sobretudo quando as relações de riqueza são muito desiguais, o etnógrafo é por vezes 'recuperado' e utilizado nas estratégias locais. Frequentemente, sente algumas dificuldades em manter a sua neutralidade. Os dilemas do etnógrafo por ocasião da sua pesquisa são parte integrante da própria pesquisa, fazendo emergir questões que não tinham sido inicialmente previstas e que revelam o funcionamento de uma sociedade ou de um grupo social. Em França, muito antes da tempestade desconstrutivista, Gérard Althabe, nos seus trabalhos acerca das novas cidades e nas aulas que ministrava, ao optar, contrariamente a Claude Lévi-Strauss, por abolir a distância enquanto método, resolveu utilizar a sua própria presença enquanto pesquisador como método de investigação. Para o antropólogo, alguns terrenos são mais convidativos do que outros, havendo alguns que o poderão forçar a envolver-se moralmente, socialmente, politicamente. Pensemos designadamente nas investigações acerca do sofrimento físico, moral ou social. Pensemos nas pesquisas junto de doentes com sida, de alcoólicos, de sem-abrigo, de presos, etc. Seria errado, repetimos, considerar a antropologia aplicada menos nobre do que a investigação de base. Se a antropologia pretende retratar determinados aspectos do mundo contemporâneo, é normal que os decisores (responsáveis da saúde, da economia, do desenvolvimento agrícola, da assistência social, etc.) recorram aos seus serviços.

A concepção do terreno enquanto campo de experimentação, como laboratório ou como reserva, é actualmente contestada pelos pensadores da globalização e da mobilidade das culturas. Os movimentos de população aceleram-se. O trabalho no terreno tende a ser desenvolvido em rede, para, por exemplo, seguir o movimento das diásporas contemporâneas. O ‘terreno’ muda: estudamos campos de refugiados, comunidades virtuais; a pesquisa passa a efectuar-se tanto no país de origem como no país de acolhimento de uma ‘comunidade’ dispersa, como os Chineses de Paris ou os Haitianos de Brooklin. Para um antropólogo de um país do Sul formado no

Ocidente, a viagem para o 'terreno' não consiste numa deslocação a *terra incognita*, mas antes num regresso 'a casa'.

Com alguma legitimidade, podemos considerar a investigação no terreno como a primeira condição para um trabalho de antropologia, mas também não é uma panaceia. Todos os investigadores que tentam responder à questão 'O que é o homem?', de uma forma ou de outra estão a fazer antropologia. Muitos de uma longa lista de pensadores, de Kant a Todorov, podem possuir ideias acerca do assunto sem nunca terem 'estado no terreno'. Em virtude da sua erudição e das suas intuições fulgurantes, Marcel Mauss, que não era um homem de terreno, exerceu e exerce ainda uma influência duradoura sobre as ideias da antropologia. Conhecedor do grau de minúcia que se tornava necessário atingir para a obtenção de observações válidas, era mesmo um muito bom professor de métodos de investigação. Por outro lado, o facto de se deslocar e de se encontrar com 'pessoas' face a face, pode levar a acreditar na existência de um *terreno* perfeitamente definido, mas nenhum antropólogo pode fixar os limites de uma *cultura* ou de um *terreno*. Uma pesquisa não se reduz à descrição do que se passa no sítio em que tem lugar; ela não saberia evitar a abordagem de determinações exteriores, frequentemente estudadas por outros especialistas como os geógrafos, os demógrafos, os historiadores, os linguistas, os psicólogos, etc.

IV

A Leitura

Ainda que tenhamos reconhecido que as ciências sociais não podem ser avaliadas pelos critérios de verificação ou de refutação aplicados às ciências experimentais, a questão da verdade continua a colocar-se, e é por esta razão que a antropologia e a filosofia não podem deixar de se confrontar e de se utilizar mutuamente. Os membros de uma determinada sociedade compreendem-se e compreendem o seu mundo social. Põem então em campo um certo saber, fundamentado em ideias adquiridas, em esquemas de pensamento, em experiências, em informações que aplicam à sua situação pessoal. Os métodos que empregam situam-se então na fronteira entre o colectivo e o individual. O programa da antropologia, no terreno, consiste em tentar compreender esses métodos, através da observação dos comportamentos e da análise dos discursos. O seu esforço de compreensão não possui exactamente a mesma natureza do dos próprios protagonistas, porque confronta as suas observações com um saber acumulado na *literatura*, a propósito de outras formas sociais no tempo e no espaço. O método do antropólogo não se limita ao viver de uma aventura de terreno, tentando compreender uma sociedade a partir do seu interior, porque, quando viaja, o investigador leva na cabeça uma biblioteca viva. Deve então, como já vimos, gerar uma certa tensão entre o diálogo que desenvolve no terreno com os seus interlocutores e aquele, mais abstracto, que trava com os 'seus' autores. Em cada ocasião, tentará prosseguir o difícil exercício que consiste, por um lado, em não abafar as suas experiências no terreno com aquilo que já sabe; por outro, em estimular a sua curiosidade graças à sua cultura antropológica. É este exercício, praticado durante um período de tempo significativo, que distingue o 'terreno' da reportagem.

Desde há duas décadas, numerosos autores se têm vindo a interrogar acerca desse curioso género literário que é a etnografia. De um modo geral, privilegiam a explicação pelo contexto colonial e, posteriormente, pós-colonial. Indubitavelmente, esse esclarecimento torna-se necessário. Não obstante, torna-se necessário evitar o neofuncionalismo, que consiste em tudo interpretar como se de um sintoma da época se tratasse. A explicação exclusiva de uma obra pelas suas condições de produção históricas e culturais arrisca-se sempre a cair no determinismo integral. Seria 'demasiado redutor' pensar que os trabalhos de Bronislaw Malinowski, Alfred R. Radcliffe-Brown ou Margaret Mead se explicam inteiramente pelo contexto, dizendo mais sobre os seus autores do que sobre os assuntos que estes pretendiam tratar. Qualquer investigador se encontra contextualizado e está determinado pela sua própria cultura, mas tenta precisamente libertar-se de tais condicionantes travando um diálogo com autores de outros tempos, de outros lugares e de outros domínios disciplinares. Aquilo que observamos a partir de um determinado ponto de vista não se explica inteiramente pelas condições históricas que tornam esse ponto de vista possível. Ainda que existam algumas verdades que não resistiram a uma contextualização radical, o exercício da descrição etnográfica não valeria os esforços que isso implica. Como refere substancialmente Jürgen Habermas, os grandes pensadores envergam o vestuário da sua época, mas o seu pensamento é de todos os tempos. Certamente, os clássicos da antropologia envelheceram e fazem-nos reviver, pela leitura, a época em que foram escritos, mas, ao mesmo tempo, transmitem-nos algo acerca da condição humana que se situa para além dos determinismos locais e da situação que lhes deu origem. A sua leitura não é um exercício fácil, porque os progressos científicos não são lineares e há que evitar produzir contra-sensos relativos à passagem do tempo. Este factor leva-nos a aconselhar uma dupla leitura: primeiramente, a do texto na contextualização cultural da época; seguidamente, a que podemos fazer hoje, graças aos conhecimentos desde então adquiridos. Tomemos dois exemplos. Não poderemos compreender um livro de antropologia publicado antes de 1920 sem tomarmos em conta que o debate sobre a evolução causava polémica desde a publicação do livro de Darwin *A Origem das Espécies*, em 1859. Não podemos compreender o carácter por vezes excessivo da corrente culturalista americana, sem levarmos em conta o seu envolvimento contra o racismo, dominante na época. Estes autores tentavam demonstrar que a diversidade dos comportamentos humanos não se explicava pela biologia, mas pelo determinismo cultural. Esta corrente, designada por vezes 'cultura e personalidade', foi encarnada por Ruth Benedict, Margaret Mead, Ralph Linton e Abram Kardiner, tendo marcado o segundo quarto do século XX graças a uma abordagem comparativa e a uma abertura às outras disciplinas, ainda que sejam acusados de ter ultrapassado um pouco os limites.

É necessário ler mas também reler: quantas obras de Marx, de Nietzsche ou de Weber existem? Talvez tantas quantos os seus leitores. Numa disciplina como a antropologia, torna-se necessário regressar ao texto, não se contentando com resumos de resumos. Então, poderemos redescobrir riquezas insuspeitas em autores como Radin, Devereux, Bateson, Leiris e muitos outros. Apercebemo-nos que Boas e Lowie não pensavam de forma nenhuma que o costume ditasse um comportamento estereotipado; que Durkheim, cujas teorias são por vezes apresentadas como a-históricas, considerava a história e a sociologia dois pontos de vista diferentes sobre uma mesma realidade. Para um antropólogo, a leitura desempenha um papel fundamental na aprendizagem de uma cultura profissional constituída por um conjunto de conhecimentos, de influências de dimensão ética, de valores, de princípios práticos. Quando começamos a ler um livro de antropologia, não nos podemos limitar a dizer: «Está bem escrito! Está mal escrito! É demasiado técnico e torna-se difícil de ler.» Torna-se necessário perguntarmo-nos como foi o livro estruturado, como desenvolve o autor a sua argumentação, quais as técnicas de persuasão a que recorreu, se existem outras formas de interpretar as informações, etc.

V

A Escrita

Como todos os especialistas das ciências humanas, os antropólogos são autores e devem interrogar-se sobre a língua que utilizam e sobre a sua escrita. Qualquer ciência tem por base a construção teórica a partir de informações; ora, por definição, essas informações são sempre veiculadas pela linguagem. Sabemos que a língua comum transporta, à revelia da maioria daqueles que a usam, tradições de pensamento que condicionam a sua visão e concepção do mundo, a sua percepção da realidade. Todos os debates acerca da possibilidade de enunciar a verdade ou verdades confrontam-se assim com a questão da linguagem e da escrita. Os antropólogos criaram muitos neologismos para conferir às palavras um sentido mais técnico, que lhes permitisse afastar-se do senso comum. O estabelecimento desse vocabulário especializado não reuniu um verdadeiro consenso, mas, pelo menos, os especialistas concordam quanto ao que está em jogo no debate acerca de determinado conceito. Até à década de 80, a maioria dos antropólogos não tinha verdadeiramente posto em questão a ideia de uma realidade estável, exterior, que podia ser progressivamente descoberta. A escola durkheimiana tinha-se oposto ao empirismo dos filósofos positivistas; ela sabia que o conhecedor devia construir o seu objecto de pesquisa, mas não tinha colocado em questão um estilo de escrita influenciado pelo realismo literário do século XIX. Com a sociologia e a antropologia a serem construídas numa lógica de ruptura com o subjectivismo, a escrita devia tender para a neutralidade e a imparcialidade, e até mesmo para uma certa impessoalidade. À excepção de alguns precursores, foi apenas a partir de 1980 que os antropólogos, ou os seus comentadores, se defrontaram com a questão crucial do modo de exposição dos resultados da pesquisa. A antropologia americana e as investigações pluridisciplinares, agrupadas sob a bandeira dos *cultural studies*, desempenharam um papel pioneiro, contestando as convenções narrativas da etnografia. O facto de se reconhecer que a escrita não vale por si só – que ela é, por definição, problemática – não deixou de exercer os seus efeitos sobre a forma como eram vistas e definidas as ciências humanas.

Qualquer estilo postula uma teoria (uma concepção geral daquilo que está em questão), uma herança intelectual (a 'literatura') e um compromisso ético (não julgar, antes compreender). Pouco a pouco, os estudos dedicados às condições de produção do saber científico, o colocar em questão das antigas certezas, reabilitaram o relato da experiência vivida, em detrimento das teorias em grande escala. Hoje em dia, os antropólogos esforçam-se por divulgar os processos pelos quais foram levados a pensar o que pensam. Tentam tornar explícito o processo de vai e vem entre teoria e 'terreno'. Já não se trata de sobrevoar a elevada altitude a experiência dos actores, mas sobretudo de restituir à etnografia o seu carácter delimitado e dialogado. Os textos concedem um maior lugar a outras vozes do que à do investigador: as que saem dos arquivos, as dos interlocutores no terreno, as dos filósofos, dos teóricos da literatura, dos escritores. É dedicada uma maior atenção às interacções sociais, à antropologia da palavra e a outros factos da comunicação. Com efeito, sabemos que qualquer enunciado é relativo a um contexto, dependendo da personalidade do investigador e dos informadores, sujeito a variantes, submetido a numerosos acasos. Presentemente, o autor de textos de antropologia, mais do que nunca, tem contas a prestar; é-lhe contestado o direito de exercer sobre o seu relato um poder não partilhado. Já não acreditamos que um indivíduo 'represente' integralmente a sua cultura, que seja uma espécie de metonímia, uma amostra representativa em todas as suas acções e opiniões. Além do mais, procura-se diversificar as fontes, evitar os porta-vozes oficiais, recolher o ponto de vista feminino, não ignorar os fracos ou os dominados. A ideia de que as sociedades 'simples' ou 'restritas' são consensuais foi sendo desmentida à medida que os estudos no terreno se tornavam mais precisos. A escrita deve então deixar de fundir essa diversidade numa unidade abstracta, para, pelo contrário, a respeitar e divulgar. A forma do texto adquire facilmente o ritmo exploratório da pesquisa: tenta-se atingir uma verdade humana através dos saberes trocados e ultrapassando as armadilhas das parcialidades etnocêntricas. A reflexividade, ou seja, o exercício crítico do investigador sobre si mesmo, o esforço de objectivar a sua própria subjectividade, transformou-se numa exigência da investigação. A monografia, como descrição que se pretende exaustiva acerca de uma determinada sociedade, representa por excelência a antropologia do período clássico, que, mais ou menos, vai de 1920 a 1975. Desde então, muitos textos tentaram repor a observação local no contexto de uma aceleração da história e da globalização. A monografia (descrição com pretensões exaustivas de uma população) não desapareceu; pelo contrário, é publicada mais que nunca. Mas o ensaio está mais na moda. O ensaio – ponto de vista argumentado acerca de um tema – tenta confrontar as realidades locais com verdades de maior amplitude espacial e/ou temporal. Deste modo, seria errado considerá-lo uma inovação: o *Ensaio Sobre a Dádiva* (1925), de Marcel Mauss, é um exemplo magistral. Não há qualquer dúvida de que as interrogações acerca das relações entre a linguagem e a realidade continuarão a alimentar o debate filosófico. Uma resposta verdadeiramente científica poderá um dia ser fornecida pelas ciências cognitivas. Entretanto, não é com menos pesquisas no terreno e com menos descrições que a antropologia conseguirá validar os seus métodos. Todavia, com o princípio da incerteza a aumentar, os relatos literários e contínuos cederão sem dúvida lugar a efeitos de montagem. Novas escritas emergirão, cedendo um maior lugar ao diálogo entre autor e 'sujeitos' e entre autor e leitores. Demasiados antropólogos continuam a comportar-se como se os 'sujeitos' das suas descrições fossem, por definição, 'sem escrita', mas, cada vez mais, os trabalhos dos investigadores tornam-se-lhes acessíveis e, por sua vez, eles podem formular opiniões ou críticas. A Antropologia será também pluridisciplinar, acrescentando à sua própria perspectiva as das outras ciências humanas e a da literatura, com as quais encetará 'conversações'. A antropologia necessita da filosofia, da psicologia, da psicanálise, da linguística, das ciências políticas, da economia, da geografia, da história, e participa em debates públicos com jornalistas, escritores, cineastas e artistas. Os grandes traumas da história contemporânea (o Holocausto, os crimes em massa dos 'Khmers Vermelhos', o genocídio ruandês) deram origem a obras literárias e a filmes que interessam aos antropólogos não apenas enquanto fontes, mas também, frequentemente, pela sua perspectiva teórica e pelo seu modo de exposição. Para além da escrita, outras técnicas há, como o cinema e o vídeo, que oferecem a possibilidade de 'criar' ambientes, de dar a palavra, de interagir, de seguir o desenvolvimento de uma acção. Contudo, não se deverá pensar que se trata de um meio 'transparente' que restitui os acontecimentos sem mediação. Os 'efeitos do real', para retomar a expressão de Roland Barthes, são tão difíceis de conseguir no cinema quanto na literatura. Nos dois casos, estamos na presença de um discurso construído.

VI

Superar as Falsas Alternativas

As ciências humanas procedem a uma constante reanálise das suas hipóteses, dos seus conceitos, dos seus métodos e da sua escrita. Quase como se, no decorrer da história, tivessem vindo a oscilar entre dois pólos: por um lado, o desejo de fundamentos, de bases e de ordem; por outro, o cepticismo, a desconstrução, uma forma de romantismo. As oposições demasiado simples entre ordem e desordem, colectivo e individual, objectivo e subjectivo, sentido e função, prendem a reflexão teórica a uma série de dilemas. A sociologia e a antropologia construíram-se enquanto instituições subjectivas, adoptando uma abordagem *holista*, procurando as relações que estão na base de um sistema. Desde há cerca de 20 anos, este holismo herdado de Henri Maine, Ferdinand Tönnies e Émile Durkheim, que partia de normas gerais da sociedade para explicar comportamentos individuais, cedeu lugar a um individualismo metodológico, herdado de Max Weber, que parte sobretudo do actor individual para tentar compreender a razão que o leva a agir e a forma como o faz. Nesta óptica, a sociedade ou instituição resulta das interacções sociais; as regras são o resultado, e não a causa das interacções. No que respeita às regularidades cujo modelo o antropólogo acredita conseguir poder produzir, uma das principais dificuldades com que este se depara é saber se existe uma estrutura prescritiva prévia (uma instituição), que fixa as regras comportamentais, ou se, pelo contrário, a estrutura é produzida pelas realidades práticas. Com efeito, confrontamo-nos com um exemplo de implicação recíproca: o indivíduo é produzido pela sociedade, mas apenas os indivíduos podem produzir a sociedade. Torna-se assim absurdo opor indivíduo e sociedade, na medida em que o indivíduo não se pode conceber sozinho e que, inevitavelmente, o colectivo se incorpora nele. Entre os pólos da ordem e da desordem, o período actual privilegia sobretudo a segunda, do mesmo modo que valoriza mais a dúvida que a certeza, o particular que o geral. As críticas constatam o carácter caótico do mundo e a implosão dos grandes narrativas. Publicações recentes realçam até à exaustão a natureza 'ficcional' das noções globais dos antropólogos evolucionistas, difusionistas, funcionalistas, estruturalistas, e daqueles que os seguiram. Sem entrarmos nestas infindáveis querelas de palavras, notemos que não se revela muito pertinente declarar que tudo é ficção e que a ficção está em tudo. Dizer que qualquer texto é uma construção é um truísmo; afirmar que um texto de ciências humanas é uma ficção, na medida em que não poderá ambicionar encerrar em si uma verdade definitiva, é um abuso de linguagem ou um efeito de retórica. Com efeito, convém distinguir cuidadosamente ficção, erro, mentira, falsidade, argumento ideológico, modelo, hipótese, etc. Na ficção, o autor manifesta a sua intenção de inventar de forma consciente e deliberada: o que dá a ler resulta do engenho de uma história inventada. Esta pode inspirar-se na realidade, mas as suas referências situam-se claramente no campo do imaginário: os acontecimentos que relata nunca resultam de produção histórica. Os grandes evolucionistas do século XIX, como Tylor, Morgan, Frazer, consideravam-se sinceramente uma nova espécie de historiadores das civilizações.

Viam as sociedades humanas como etapas no caminho de um progresso unilinear, como se a humanidade inteira tivesse por objectivo alcançar a sociedade ocidental. É inegável que eles se enganaram e que foram influenciados por um certo chauvinismo ocidental, mas cometer exageros não equivale a fazer obras de ficção. Da mesma forma, ao constatarem a extraordinária semelhança morfológica entre instituições humanas em locais do mundo bastante afastados no espaço e no tempo – das técnicas artesanais aos tipos de *habitat*, do parentesco aos ritos funerários, do canto e da dança aos rituais, das técnicas agrárias às convenções da guerra, alguns antropólogos de finais do século XIX esforçaram-se por estudar a distribuição geográfica dos traços culturais e por reconstituir a sua difusão. O problema é que, como todos os evolucionistas, estes difusionistas mostravam-se pouco zelosos quanto à fiabilidade das fontes de que se serviam para corroborar a sua teoria preconcebida. Hoje, quase que se torna pejorativo falar de funcionalismo, na medida em que sabemos que as partes constituintes de uma sociedade não 'funcionam' como as peças de uma máquina ou como órgãos de um ser vivo, mas a estrutura de Radcliffe Brown era o modelo das relações estabelecidas entre indivíduos, modelo que acreditava sinceramente ser inerente aos dados observados. Depois, alguns críticos acusaram o estruturalismo de postular uma relação fixa entre significante e significado, mas tratava-se de uma hipótese formulada no quadro de uma teoria geral do signo. Deste ponto de vista, o estruturalismo alterou profundamente a forma de se fazer antropologia, ainda que as suas formas extremas, reduzindo o todo social a uma semiologia, tenham sido contestadas.

A análise antropológica é forçosamente estrutural, comparativa e de alcance mais amplo que o simples levantamento de casos específicos. São igualmente os *a priori* ontológicos que opõem representações e práticas, sentido e função. Os sistemas simbólicos apenas são eficazes se, simultaneamente, funcionarem e possuírem um significado. Para agir sobre o mundo, é necessário fornecer-lhe um sentido; é então preciso analisar simultaneamente a implementação das lógicas sociais e a sua estrutura. A partir da década de 70, os antropólogos feministas demonstraram que as concepções do mundo expostas pelos clássicos da antropologia eram quase sempre abordadas de um ponto de vista masculino. A este respeito, poderemos certamente falar de enviesamento e de preconceito, que compete à antropologia contemporânea corrigir. Da mesma forma, não podemos razoavelmente opor a realidade das particularidades locais à ficção de princípios universais que seriam irremediavelmente postulados pelos sábios. A antropologia tem por fim último explicar a variabilidade dos factos humanos, e o estudo dessa variabilidade inclui forçosamente também o das semelhanças e dos princípios universais. Se a diversidade das descrições específicas, atida a uma história em movimento que redistribui perpetuamente os papéis, proibisse qualquer generalização ou comparação, a antropologia não seria de grande interesse. Certamente, poderá acontecer que a confirmação de regularidades e de invariantes resida na habilidade de um autor em articular de forma engenhosa um grande número de informações factuais tendo por base de sustentação uma ideia geral, mas nem sempre assim acontece. Qualquer argumentação está sujeita ao debate entre profissionais, no âmbito daquilo a que Habermas chama situação de conversa ideal, ou seja, uma prática que admite como horizonte apenas a procura da verdade. É este debate, fundamentado numa leitura muito atenta dos textos e na comparação, que permite avaliar a obra de um etnógrafo ou de um antropólogo. Podemos perfeitamente considerar os materiais de uma pesquisa mais como informações produzidas pelo investigador do que propriamente como dados, desde que admitamos que há sempre qualquer coisa da realidade exterior que resiste às especificidades da pesquisa. Sem dúvida, todas as teorias científicas são histórias, narrativas, mas não são certamente histórias como as outras. Seria pernicioso colocar no mesmo campo narrativas com objectivos de diversão, publicitários, de propaganda, prosélitos, e aquelas que visam um conhecimento objectivo. O facto de não podermos aceder à realidade senão através do prisma de uma cultura específica, não faz desaparecer nem a realidade enquanto objecto, nem o alcance universal das descobertas. A desmontagem das invenções, das construções, desmistifica a crença numa certa definição da realidade, mas não diz que a realidade não existe. Os teóricos da desconstrução chamam deliberadamente ficção às entidades complexas – sociedade, sistema social, organização social, estrutura social, cultura, os franceses, etc. Todavia, os autores que tentam eliminar do seu vocabulário estas palavras, e todas as metáfora biológicas ou mecânicas que as acompanham, vêem-se obrigados, quando sentem a necessidade de superar o nível individual, a reintroduzir termos tão globais como 'o mundo de', 'o universo das', 'a esfera de', etc. É certamente necessário submeter tais expressões a um escrutínio atento, mas as noções holistas, como sejam o espírito das instituições (Montesquieu), o espírito objectivo (Hegel), a totalidade significante (Dilthey), a consciência colectiva (Durkheim), o tipo ideal (Weber), os sistemas simbólicos (Lévi-Strauss), a instituição imaginária (Castoriadis), a ideo-lógica (Augé), o ideal (Godelier), são conceitos úteis, de que necessitamos para compreender a ligação social. Na verdade, holismo e individualismo não se opõem como se estivesse em jogo um veredicto entre aquilo que é verdadeiro e o que é falso; trata-se de opções metodológicas, possuindo cada uma delas as suas vantagens e os seus inconvenientes. A mesma sociedade pode ser estudada segundo diferentes pontos de vista, como aconteceu relativamente aos Pathans do Paquistão: por Fredrik Barth, a partir do indivíduo e da teoria dos jogos; por A. Assad, segundo uma teoria sistémica de inspiração marxista. Trata-se de duas abordagens diferentes sobre um mesmo objecto; dois modelos cuja pertinência pode ser discutida.

Opor as abordagens indutiva e dedutiva significa dar azo a uma querela indesejável, na medida em que um antropólogo recorre evidentemente a ambas. Envolve-se numa realidade local, observa, participa, regista, filma, etc., até conseguir elaborar um modelo (é a abordagem indutiva); mas também testa constantemente as hipóteses teóricas (as suas e as dos seus interlocutores), corroborando-as ou anulando-as através da observação dos factos. O que complica a construção da imagem que transmitimos dos outros, nos livros e nos filmes, é o facto de nunca estarmos absolutamente certos acerca do momento em que mais os respeitamos enquanto grupo e enquanto indivíduos: aquele em que os mostramos como sendo muito diferentes de nós, ou aquele em que os mostramos exactamente iguais a nós; aquele em que destacamos as particularidades, ou aquele em que descobrimos princípios universais. O antropólogo procede constantemente a experiências contraditórias: confrontado com as diferenças, constata diariamente que todos os homens se assemelham mais do que aquilo que diferem. Esta difícil questão é evidentemente plena de significação nos planos científico, moral e político, mas é a pressa em formular juízos normativos que dramatiza inutilmente a crítica intelectual. A este respeito, o essencialismo clássico – o facto de acreditar numa definição estável (com propriedades fixas) de uma sociedade ou de uma cultura – permanece um fardo mais pesado do que a preocupação dos relativistas (aqueles que frequentemente designamos por pós-modernos) em tudo explicar pelo contexto histórico. O desejo de classificar os homens em diferentes etnias próprio da etnologia colonial, prenunciava, de algum modo, o comunitarismo de hoje. Nos dois casos, trata-se de subtrair uma 'sociedade' ao seu ambiente histórico, de a preservar do conjunto que a contém, ou seja, o Estado. Nos Estados Unidos, o modelo da paróquia e das Igrejas desempenhou certamente um papel no desenvolvimento do comunitarismo e, desta forma, do multiculturalismo. Tocqueville demonstrou que as Igrejas americanas não podiam entrar em concorrência com o Estado, na medida em que a separação de domínios estava bem definida desde o início. Contrariamente ao que sucedeu na maioria dos países europeus, as instituições que estavam em poder das Igrejas não passaram para o Estado. Na Europa, se hoje se verifica o desenvolvimento de um espírito comunitarista, isso deve-se a um enfraquecimento do poder integrador do Estado e à divulgação mal compreendida de uma antropologia amadora com laivos de moralismo. Nesta ideologia, o princípio prevalecente é a celebração das diferenças, e não a compreensão dos mecanismos que estão na base da construção das identidades e, assim, das alteridades. Os movimentos identitários não requerem um juízo moral da parte do antropólogo. Existem e torna-se necessário tentar explicá-los e, assim, compreendê-los. As populações do mundo inteiro são regidas por mecanismos globais (movimentos de capitais, de bens, de população, de mensagens, de imagens) que lhes escapam e cuja base estruturante é precisamente o capitalismo mundial. Actualmente, o mundo inteiro encontra-se 'preso' a redes, a intercâmbios, a mercados, e a maioria de nós considera-se impotente num sistema-mundo em rápida transformação. Assim, não é nada surpreendente que, aqui e ali, as pessoas se agrupem, adaptem a sua cultura aos desafios do momento, utilizem de forma criativa o seu passado para tentarem encontrar o seu lugar e daí retirarem algumas vantagens. O antropólogo pode desconstruir essas ideologias, mostrando que todas as formas de exclusivismo – raciais, étnicas, classistas, religiosas, sexuais – são falsamente apresentadas como qualidades essenciais, mas deve também desenvolver trabalho de historiador para estudar as condições que conduzem ao seu aparecimento. À mensagem do historiador Eric Hobsbawn, que salientava, há cerca de 20 anos, que as tradições se inventam e reinventam sem cessar, a antropologia pode acrescentar que não há cultura sem política e sem concretizações práticas. Hoje, a identidade deve tanto ao global como ao local, tanto ao devir como ao passado, tanto ao Estado como às raízes: para o bem e para mal, ela é precisamente a sua articulação.

Conclusão

A oposição nós e eles (modernos/primitivos; Norte/Sul; Este/Oeste) é uma das premissas antropológicas mais contestadas nos últimos anos. Edward W. Said (*Orientalismo*, 1979) e os seus seguidores criticaram precisamente a instrumentalização do conceito de *cultura* pelo Ocidente para instaurar uma divisão entre o Oeste e o resto do mundo. Até então, a crítica dos intelectuais do 'Sul' incidia predominantemente sobre o 'etnocídio' (Robert Jaulin), ou seja, a violência premeditada exercida pelo Ocidente para reduzir todas as diferenças culturais e moldar o mundo à sua imagem. Deste modo, a antropologia encontra-se entre dois fogos: a acusação de assimilacionismo e a de primitivismo. No plano dos valores, a génese de uma divisão entre o Ocidente e o resto do mundo não tem fundamento e a construção de uma única categoria para toda a humanidade 'não industrial' é absurda. Mas, no plano científico, a clivagem entre os modernos e os *outros* não pode ser facilmente sanada. A antropologia resulta de um desenvolvimento científico complexo, que se produziu no Ocidente em três etapas principais. A primeira resulta do desenvolvimento extraordinário da filosofia grega e romana, que lançou as bases não apenas da antropologia e da história, mas também da metafísica, da estética, da ética, da retórica, das matemáticas, etc. A segunda etapa corresponde ao desenvolvimento científico e filosófico do século das 'Luzes', e a terceira ao progresso que acompanhou a revolução industrial. Pelos menos dois acontecimentos devem ser destacados, tendo em conta a forma como transformaram radicalmente o mundo: em primeiro lugar, a escrita e a imprensa, que não são, nem uma nem outra, descobertas ocidentais, mas que foram adoptadas e desenvolvidas na Europa; em segundo lugar, a revolução industrial. Os trabalhos de Walter J. Ong, Jack Goody e de outros mostram que, enquanto técnica, a introdução da escrita representa uma enorme transformação, mudando radicalmente os actos de comunicação. Ainda não foram compreendidas todas as implicações dessa revolução, tanto no que respeita aos processos cognitivos, à educação, ao controlo social, como aos progressos tecnológicos, à conservação de arquivos, à acumulação cultural. A revolução industrial, fundamentada no liberalismo e na economia de mercado, foi igualmente uma transformação decisiva. Diga-se também que o evolucionismo, segundo o qual todas as formas sociais tenderiam para esse modelo, foi recusado, mas torna-se necessário constatar que, feliz ou infelizmente, o planeta inteiro – e constata-se isso mesmo na presente fase, designada por globalização – se encontra reestruturado ou desestruturado. Segundo Karl Polanyi, esta *grande transformação* cava um fosso entre os *modernos*, que operaram esta revolução liberal, e todas as outras formas sociais (a este respeito, ver a obra de Louis Dumont *Essais sur l'Individualisme*, 1983). Ainda que esta transformação seja sem dúvida menos racional do que aquilo que se tem dito, e ainda que, também indubitavelmente, a economia da sociedade pós-industrial tenha contribuído para o seu 'desenvolvimento', ela não pode ser totalmente explicada sem ter em conta o simbólico, a ideologia, as crenças; mas diga-se que contribuiu para uma profissionalização da investigação científica e tecnológica. Isto também não significa que as sociedades ocidentais detenham o monopólio da reflexão crítica: em todas as sociedades humanas, o indivíduo, que vive experiências diversificadas, de tempos a tempos, distancia-se para analisar o sentido das suas acções. Em lugar algum o ser humano é um autómato cultural, nunca estando definitivamente afecto a um papel exclusivo. Por outro lado, nem todas as culturas se encontram vinculadas a um modelo científico fundamentado na confrontação de argumentos racionais com o único fito de definir leis, regulamentos, estruturas. O que está hoje em discussão é saber se a autonomização da ciência e da investigação introduz, relativamente às outras formas do saber, um corte epistemológico, ou se a categoria isolada sob o nome de 'ciência' não passa, no seio de todas as outras, de mais uma forma relativa de saber. O ponto de vista historicista, segundo o qual não existe nenhuma verdade universal, mas apenas enunciados parciais inteiramente explicáveis pelo contexto histórico e cultural do momento, não é partilhado por nós. Se se produz uma descoberta num ponto específico do globo, ela pode conquistar rapidamente uma dimensão universal: a ciência, hoje e já desde há muito tempo, pertence ao mundo.

Torna-se difícil definir quais as grandes tendências da profissão, na medida em que o actual período se caracteriza pela coexistência de uma multiplicidade de abordagens e pela proliferação dos objectos de pesquisa. A grande maioria da produção permanece 'clássica', no sentido de 'empírica', mas correntes críticas dominam o debate e ocupam a linha da frente. De um modo muito geral, podemos dizer que os empiristas continuam a acreditar no valor das observações, recusam recolocar em questão os 'adquiridos da disciplina' e mantêm-se, na maior parte das vezes, à margem das discussões epistemológicas. A acreditarmos nos debates veiculados pelos revisionismos mais radicais, ficaríamos com a ideia de que a monografia etnográfica – descrição o mais completa possível de uma unidade social –, já teve o seu tempo, um pouco como acontece na literatura com o romance realista do século XIX, tantas vezes declarado moribundo. Na verdade, morto é que ele não está: da mesma maneira que são publicados hoje mais romances realistas do que no século XIX, são publicadas actualmente mais monografias do que na idade de ouro da monografia. Aliás, os empiristas não se limitam à descrição; recorrendo aos seus dados de terreno e aos recursos da literatura, formulam teorias e dividem-se em dois pólos: aqueles que tentam corroborar uma hipótese geral – o funcionalismo, por exemplo – e aqueles que procedem por indução, tentando compreender os fenómenos de grande amplitude sociológica com base em casos específicos bem documentados. Nos diferentes subdomínios disciplinares e a respeito de matérias tão diferentes como as retratadas pela antropologia ou pelas relações cultura/personalidade, continua a ser publicado anualmente um muito grande número de trabalhos. Sem dúvida que o estruturalismo semiológico já não possui o radicalismo de outrora, mas ainda não deixou de exercer a sua influência. Se muitas abordagens são hoje qualificadas de pós-estruturalistas, isso não acontece por rejeitarem as noções de códigos, de codificação, de simbolismo, mas sobretudo porque rejeitam uma visão a-histórica, as lacunas da crítica das fontes e/ou uma filosofia mentalista (a procura das famosas 'barreiras mentais' de Claude Lévi-Strauss). Também a antropologia interpretativa (por vezes classificada de hermenêutica) continua a exercer uma forte influência, mas assumiu igualmente uma postura antipositivista, contestando vivamente a ideia de poderem existir 'dados brutos' (*naked data*). Muitos antropólogos estão de acordo quanto ao facto de a significação ser social, histórica e retoricamente construída. Por outro lado, aquilo que foi designado por *textualismo* – o facto de se assimilar a um texto ou um discurso, que bastaria ler, o sentido daquilo que as pessoas fazem – foi fortemente criticado. Uma epistemologia relativista muito na moda, que já não faz da verdade um horizonte regulador das práticas científicas, conduziria sem dúvida, tendo em conta também a própria actividade de investigação, à dissolução da disciplina. Mas materializa-se sobretudo na conversão de investigadores à filosofia ou a actividades artísticas. Nos antípodas do cepticismo extremo, no que respeita à teoria, a solução passa por investigações de conjunto, que, num esforço de rigor, partiriam de um estudo minucioso tendo por base a etnolinguística, a sociolinguística, a antropologia da natureza, manifestando um interesse sustentado pelas situações do mundo, as taxinomias, as interacções sociais, os processos cognitivos. O facto de se estudarem as produções culturais, ou as representações enquanto sistemas de conhecimento, ou ainda os sistemas de atitudes mentais, relançou o debate entre o particularismo e o universalismo. Aquilo a que os Ingleses chamam *post-colonial studies* e a crítica extrema do essencialismo cultural (a atribuição a uma cultura de propriedade fixas) estimularam uma nova forma de funcionalismo, que interpreta os comportamentos sociais em função dos contextos, das opções, da estratégia, da negociação. Uma corrente poderosa, estimulante, mas que deve sem dúvida ser relacionada com as dificuldades no 'terreno' e com a sua problematização, e que faz com que a antropologia se vire para si mesma. O esquema teórico aproxima-se do estruturalismo causal, do funcionalismo e do marxismo, mostrando como a visão do investigador é determinada pelas condições de produção da disciplina. As categorias de pensamento da antropologia, os seus valores, as regras que segue, a sua relação com os outros no terreno, as suas técnicas de arquivo e de escrita, explicar-se-iam pelo contexto histórico e pela forma como a investigação, institucionalmente entendida, se define. A este respeito, torna-se interessante a abordagem das tradições nacionais, não apenas nos países que viram nascer a antropologia universitária, mas também naqueles que adoptaram o modelo. Na América Latina, os antropólogos recebem mais ou menos a mesma formação que a veiculada nos países 'ocidentais'. Sem dúvida, os primeiros manifestam um maior envolvimento na defesa dos direitos do que o verificado entre estes últimos. A problemática do exotismo (oposição controversa 'eles/nós') exprime-se mais vivamente que na Europa ou nos Estados Unidos, na medida em que o questionamento da diferença adquire aí implicações políticas mais evidentes. Com efeito, o exotismo encontra-se no interior das fronteiras nacionais e torna-se assim, independentemente das dificuldades, um elemento constituinte da identidade nacional. Uma literatura latino-americana e estrangeira muito rica documenta a vida das tribos indígenas sob diferentes aspectos: parentesco, cosmologia, migrações, ecologia, economia, política.

Em maior escala, toda uma série de investigações se debruça sobre os preconceitos raciais, a hierarquia, o individualismo, a antropologia das cidades, as formas de família, a educação, a droga, a violência, as relações entre ciência e sociedade, bem como as que se estabelecem entre a psicanálise e a antropologia. Mas a especificidade dessas antropologias reside sobretudo numa teorização do conflito, da 'fronteira', do contacto, das 'fricções étnicas', da integração nacional, do indigenismo. Hoje, já não podemos pensar na antropologia como se esta se dedicasse simplesmente à importação para o domínio escrito do património das sociedades de transmissão oral. Em muitos contextos, a escrita foi, pelo menos parcialmente, adoptada desde há várias gerações. Já Malinowski, que considerava que esta era a forma mais válida, mas também a mais difícil, de etnografia, tinha encorajado um certo Hsiao-Tung Fei a publicar a sua monografia sobre os camponeses chineses. Mais tarde, Mysore N. Srinivas publicaria o seu trabalho acerca dos Coorgs do Sul da Índia, a que se seguiram trabalhos de outros investigadores indianos de renome internacional. Numerosos investigadores trabalham actualmente na sua comunidade de origem, por vezes envolvidos em movimentos de modernização, em outras ocasiões permanecendo prudentemente longe das polémicas e dos conflitos. Por vezes, a questão é debatida apaixonadamente: deverão os antropólogos indianos ou africanos, sendo, acima de tudo, antropólogos, agir de acordo com os protocolos e as abordagens académicas da profissão, ou antes desenvolver as suas próprias perspectivas de investigação, sem copiarem os pólos de interesse preestabelecidos? É muito provável que um antropólogo proveniente da Ásia, de África ou da Oceânia, ainda que tenha tido uma formação 'ocidental', se demonstre mais atento aos traços de etnocentrismo camuflados em conceptualizações que se pretendem objectivas. Por outro lado, o facto de se pertencer a duas culturas pode ser considerado um enriquecimento. Sabemos que um escritor que não escreve na sua língua materna, ou que domina várias línguas, deve frequentemente as particularidades do seu estilo ao fenómeno da *interferência*, uma palavra que, em linguística, se refere às reestruturações que resultam da introdução de elementos estrangeiros. Outros escritos fora do domínio etnográfico poderão revelar-se preciosos. É o caso, por exemplo, das reflexões metafísicas dos pânditas indianos; além de que, na generalidade de todas as obras literárias, os escritores se revelam os principais observadores do social. As pessoas que até aqui eram 'sujeitos' das obras escritas por investigadores ocidentais lêem essas obras e, por vezes, escrevem outras, o que representa uma evolução positiva. Contrariamente, manifesta-se por vezes uma tendência relativamente obscurantista, que defende a restrição do direito de descrição e de análise aos membros da 'comunidade' em questão. Trata-se evidentemente de um axioma de enclausuramento, que entra em contradição com os objectivos simultaneamente comparativos e universalistas da antropologia. Alguns autores 'do Sul' expõem também a sua visão dos países do Norte, mas uma grande dissimetria entre os países ricos, onde a investigação é um ramo de actividade estabelecido e financiado, e os países ditos 'emergentes', onde ela é considerada um luxo, trava este cruzamento de abordagens. Os meios empregues na investigação encontram-se tão desigualmente repartidos que muitos investigadores africanos, asiáticos, oceânicos e sul-americanos procuram o apoio de universidades e de institutos ocidentais. No Norte e no Sul, a Este e a Oeste, uma vigorosa corrente da antropologia virou definitivamente a página da nostalgia e da busca dos paraísos perdidos, para tentar agora compreender o mundo tal como ele é. A visão conservadora do legado cultural, traduzida na palavra 'tradição', favoreceu uma concepção demasiado simples da transformação social, sobretudo pelo recurso a antinomias (tradição/modernidade). Sabemos hoje que são raros os locais do mundo onde se pode confirmar uma verdadeira autoctonia, que a etnicidade é mais uma relação do que propriamente a característica de um grupo, que a economia de mercado e as instituições estatais não são incompatíveis com as estruturas de linhagens, que um movimento de guerrilha pode recorrer ao transe da possessão, que as trocas 'globais' sob a forma de tratados de todo o tipo, de migrações, de transferências de bens a grandes distância e em longas viagens, preexistiam à invenção da máquina a vapor. É necessário desfazer o mal-entendido que continua a considerar a antropologia quer como uma busca das origens ou dos paraísos perdidos, quer como um inventário das resistências à ocidentalização. O papel dos antropólogos não é descobrir os grupos desconhecidos nem colmatar as lacunas do atlas cultural mundial, mas sobretudo propor uma análise crítica dos modos de expressão culturais no contexto histórico que lhes confere um sentido. Para isto, devem estar cientes das transformações do nosso mundo (a engenharia genética, as tecnologias de informação, as imagens digitais) e dos grandes desafios que se lhes colocam: a disparidade das riquezas, os atentados ambientais, as novas pandemias. Os desafios da antropologia no século XXI não estão relacionados com o desaparecimento ou com a preservação das sociedades ditas 'tradicionais', mas com as relações entre grupos, com as interacções entre o que resulta do local, empiricamente observável no terreno, e o que resulta do global ou do mundial. A etnografia, metodologia fundamental em que a antropologia se baseia, tem qualquer coisa a dizer acerca de um mundo onde os grupos de pressão virtuais, as redes informáticas, as biotecnologias, os fluxos (de capitais, de migrantes, de mensagens), as imagens digitais, desafiam a estaticidade, por vezes imperfeita, das sociedades e das culturas. Nos domínios da história, da antropologia e da sociologia, torna-se também hoje necessário reflectir sobre as mais recentes formas de desenvolvimento do individualismo nas sociedades ocidentais. A análise deste individualismo de consumo deve ter em conta o impacto considerável dos *media* e o enfraquecimento das instituições criadoras de laços sociais, como a família, a linhagem, o clã, o Estado, a escola e até mesmo a religião, ainda que se verifiquem espectaculares sobressaltos nesse domínio. A partir de agora, a antropologia deve necessariamente estar atenta às diferentes escalas – local, nacional e 'globalizada'.

As ciências humanas não se podem privar de uma análise contextualizada das relações entre indivíduos no seio de um determinado grupo. Com efeito, assiste-se, em pequena ou grande escala, a frequentes recomposições sociais, a incessantes reafirmações e reconstruções identitárias, cuja expressão política e/ou religiosa, frequentemente negligenciada pelos *media*, se torna mais familiar para cada um de nós. A relação e o contexto movem-se conjuntamente, mas não sem aparentes contradições. A individualização dos comportamentos (designadamente dos comportamentos de consumo) é reveladora das recomposições identitárias. Estas coincidem com o desenvolvimento sem precedentes das tecnologias de comunicação, que alteram a natureza das relações, e também com a expansão dos espaços desterritorializados, onde o símbolo substitui o código. Assiste-se paralelamente a um endurecimento dos contextos locais (especificidades de todos os tipos), à globalização das tecnologias, da economia, e ao que poderíamos chamar planetarização das consciências. A humanidade ganha consciência de si mesma, mas as relações de força e a violência não cessam de ensombrar o seu futuro. O mundo uniformiza-se, mas, nos extremos da riqueza e da pobreza, as desigualdades aumentam. A ciência concretiza progressos revolucionários, tanto no que respeita ao conhecimento do Universo como da vida, mas as religiosidades de todos os tipos nunca tiveram tão grande influência.

Todas estas contradições podem ser constatadas e lidas nos minicenários e nas ocorrências locais, com a abordagem antropológica a revelar-se adequada, mais do que qualquer outra, para a apreensão da sua lógica interna, das determinações externas e do significado geral.

Bibliografia

ALTHABE, G. e SELIM, M., *Démarches ethnologiques au présent*, Paris, L'Harmattan, 1998.

AUGÉ, Marc, *Pour une anthropologie des mondes contemporains*, Paris, Aubier, «Critiques», 1994.

BALANDIER, Georges, *Sociologie actuelle de l'Afrique noire*, Paris, PUF, 1955.

BONTE, Pierre, e IZARD, Michel, *Dictionnaire de l'ethnologie et de l'anthropologie*, Paris, PUF, 1991; 2ª ed. 1992; reed. «Quadrige», 2000.

CLIFFORD, James, *Routes. Travel and Translation in the Late Twentieth Century*, Cambridge (Mass.); Londres, Harvard University Press, 1997.

EVANS-PRITCHARD, E. E., *Witchcraft, Oracles and Magic among the Azande*.

GEERTZ, Clifford, *Works and Lives: The Anthropologist as Author*, Stanford University Press, 1988.

GODELIER, Maurice, *Rationalité et irrationalité en économie*, Paris, Maspero, 1969.

HÉRITIER, Françoise, *Masculin/féminin. La Pensée de da diférence*, Paris, Odile Jacob, 1996

LÉVI-STRAUSS, Claude, *Anthropologie Structurale II*, Paris, Plon, 1973.

SAPIR, Edward, *Anthropologie*, Paris, Éd de Minuit (1ª ed. 1949), 1967.

Índice

INTRODUÇÃO 7

CAPÍTULO I – COMPREENDER O MUNDO CONTEMPORÂNEO 13

I. A confusão de termos 13
II. Os desafios da antropologia 15
III. O mundo contemporâneo 21

CAPÍTULO II – OS OBJECTOS DA ANTROPOLOGIA 25

I. Da etnografia de urgência à antropologia geral 25
II. A diversificação de domínios 27
III. A construção dos objectos 30

1. O parentesco 31
2. Economia, ambiente, ecologia 37
3. A antropologia política 44
4. A antropologia da religião 51
5. Antropologia da representação 57
6. Filme etnográfico e antropologia visual 60
7. A antropologia aplicada 66
8. Etnografias e antropologia das ciências 67

IV. Campo e fora-de-campo da antropologia 68

CAPÍTULO III – O TERRENO 73

CAPÍTULO IV – A LEITURA 85

CAPÍTULO V – A ESCRITA 89

CAPÍTULO VI – SUPERAR AS FALSAS ALTERNATIVAS 95

CONCLUSÃO 103

BIBLIOGRAFIA 113

Perspectivas do Homem

***Títulos publicados*:**

1. A CONSTRUÇÃO DO MUNDO, dir. *Marc Augé*
2. OS DOMÍNIOS DO PARENTESCO, dir. *Marc Augé*
3. ANTROPOLOGIA SOCIAL, de *E. E. Evans-Pritchard*
4. A ANTROPOLOGIA ECONÓMICA, dir. *François Pouillon*
5. O MITO DO ETERNO RETORNO, de *Mircea Eliade*
6. INTRODUÇÃO AOS ESTUDOS ETNO-ANTROPOLÓGICOS, de *Bernardo Bernardi*
7. TRISTES TRÓPICOS, de *Claude Lévi-Strauss*
8. MITO E SIGNIFICADO, de *Claude Lévi-Strauss*
9. A IDEIA DE RAÇA, de *Michael Banton*
10. O HOMEM E O SAGRADO, de *Roger Callois*
11. GUERRA, RELIGIÃO, PODER, de *Pierre Clastres, Alfred Adler e outros*
12. O MITO E O HOMEM, de *Roger Callois*
13. ANTROPOLOGIA: CIÊNCIA DAS SOCIEDADES PRIMITIVAS?, de *J. Copans, S. Tornay, M. Godelier e C. Backés-Clement*
14. HORIZONTES DA ANTROPOLOGIA, de *Maurice Godelier*
15. CRÍTICAS E POLÍTICAS DA ANTROPOLOGIA, de *Jean Copans*
16. O GESTO E A PALAVRA – I, TÉCNICA E LINGUAGEM, de *André Leroi-Gourhan*
17. AS RELIGIÕES DA PRÉ-HISTÓRIA, de *André Leroi-Gourhan*
18. O GESTO E A PALAVRA – II, A MEMÓRIA E OS RITMOS, de *André Leroi-Gourhan*
19. ASPECTOS DO MITO, de *Mircea Eliade*
20. EVOLUÇÃO E TÉCNICAS – I, O HOMEM E A MATÉRIA, de *André Leroi-Gourhan*
21. EVOLUÇÃO E TÉCNICAS – II, O MEIO E AS TÉCNICAS, de André Leroi-Gourhan
22. OS CAÇADORES DA PRÉ-HISTÓRIA, de *André Leroi-Gourhan*
23. AS EPIDEMIAS NA HISTÓRIA DO HOMEM, de *Jacques Ruffié e Jean-Charles Sournia*
24. O OLHAR DISTANCIADO, de *Claude Lévi-Strauss*
25. MAGIA, CIÊNCIA E CIVILIZAÇÃO, de *J. Bronowski*
26. O TOTEMISMO HOJE, de *Claude Lévi-Strauss*
27. A OLEIRA CIUMENTA, de *Claude Lévi-Strauss*

28. A LÓGICA DA ESCRITA E A ORGANIZAÇÃO DA SOCIEDADE, de *Jack Goody*
29. O ENSAIO SOBRE A DÁDIVA, de *Marcel Mauss*
30. MAGIA, CIÊNCIA E RELIGIÃO, de *Bronislaw Malinowski*
31. INDIVÍDUO E PODER, de *Paul Veyne, Jean Pierre Vernant, Louis Dumont, Paul Ricoeur, François Dolto e outros*
32. MITOS, SONHOS E MISTÉRIOS, de *Mircea Eliade*
33. HISTÓRIA DO PENSAMENTO ANTROPOLÓGICO, de *E.E. Evans-Pritchard*
34. ORIGENS, de *Mircea Eliade*
35. A DIVERSIDADE DA ANTROPOLOGIA, de *Edmund Leach*
36. ESTRUTURA E FUNÇÃO NAS SOCIEDADES PRIMITIVAS, de *A. R. Radcliffe-Brown*
37. CANIBAIS E REIS, de *Marvin Harris*
38. HISTÓRIA DAS RELIGIÕES, de *Maurilio Adriani*
39. PUREZA E PERIGO, de *Mary Douglas*
40. MITO E MITOLOGIA, de *Walter Burkert*
41. O SAGRADO, de *Rudolf Otto*
42. CULTURA E COMUNICAÇÃO, de *Edmund Leach*
43. O SABER DOS ANTROPÓLOGOS, de *Dan Sperber*
44. A NATUREZA DA CULTURA, de *A. L. Kroeber*
45. A IMAGINAÇÃO SIMBÓLICA, de *Gilbert Durand*
46. ANIMAIS, DEUSES E HOMENS, de *Pierre Levêque*
47. UMA TEORIA CIENTÍFICA DA CULTURA, de *Bronislaw Malinowski*
48. SIGNOS, SÍMBOLOS E MITOS, de *Luc Benoist*
49. INTRODUÇÃO À ANTROPOLOGIA, de *Claude Rivière*
50. ESBOÇO DE UMA TEORIA GERAL DA MAGIA, de *Marcel Mauss*
51. O ENIGMA DA DÁDIVA, de *Maurice Godelier*
52. A CIÊNCIA DOS SÍMBOLOS, de *René Alleau*
53. INTRODUÇÃO À TEORIA EM ANTROPOLOGIA, de *Robert Layton*
54. CLAUDE LÉVI-STRAUSS, de *Catherine Clément*
55. COMUNIDADES IMAGINADAS, de *Benedict Anderson*
56. A ANTROPOLOGIA, *de Marc Augé e Jean-Paul Colleyn*